臺灣民眾信仰中的兩性海神

海神媽祖與海神蘇王爺的當代變革與敘事

江燦騰　張珣　蔡淑慧　合著

本書作者

江燦騰：

臺灣大學歷史研究所文學博士。

臺北城市科技大學創校首位榮譽教授，現任該校通識教育中心退休兼任教授。

著作：《臺灣佛教百年史之研究（1895–1995）》（臺北：南天書局，1997年）、《臺灣當代佛教》（臺北：南天書局，2000年）、《日據時期臺灣佛教文化發展史》（臺北：南天書局，2001年）、《新視野下的臺灣近現代佛教史》（北京：中國社會科學出版社，2006年）、《臺灣佛教史》（臺北：五南圖書出版股份有限公司，2009年），以及《當代臺灣心靈的透視——從雙源匯流到逆中心互動傳播的開展歷程》（臺北：秀威資訊，2019年）等。學術榮譽：（1）中央研究院歷史語言研究所傅斯年紀念獎的八次得主。（2）第一屆宗教學術金典獎得主。（3）第二屆臺灣文獻傑出工作獎的得主。電子郵寄地址：chiang1946@gmail.com

張珣

現任中央研究院民族學研究所研究員兼任所長。

美國加州大學柏克萊校分校人類學博士，曾任科技部人類學與族群研究學門召集人，臺灣人類學與民族學學會理事

長，臺灣大學人類學學系兼任教授，政治大學宗教研究所兼任教授，歷任《臺灣人類學刊》、《華人宗教研究》等期刊編輯委員。

撰有《疾病與文化》、《文化媽祖》、《媽祖信仰的追尋》、《海洋民俗與信仰：媽祖與王爺》。主編有《漢人民眾宗教研究：田野與理論的結合》。與人合編有《當代臺灣宗教研究導論》、《臺灣本土宗教研究：研究典範的追尋》、《臺灣本土宗教研究：結構與變異》、《人類學家的我們、你們、他們》、《宗教、法律與國家：新時代的文化復振》、*Religion in Taiwan and China: Locality and Transmission* 等專書。

蔡淑慧：

國立金門大學閩南文化研究所碩士。

碩士論文：〈金門蘇王爺的信仰與變革〉，2012 年。

目錄

本書導論

在當代的臺灣民間宗教或民俗信仰中，有關海神媽祖的研究或有關王爺的各類研究，包括國際學界的相關研究在內，不論專書或單篇論文的數量，可以說已達難以盡讀的龐大數量。可以預料，此一研究的趨勢，今後仍會繼續開展下去。但，本書的研究構想，完全是全新的當代變革與相關敘事。

本書的論述主軸，是臺灣民間信仰中的兩性海神。其代表性的神祇，就是在新視野透視下所呈現的多面向女海神媽祖，以及另一同樣在新視野透視所呈現多面向的男海神蘇王爺。在考察現有的學界研究成果後，可以確定，本書的論述構想堪稱是開創性的。

本書從媽祖與蘇王爺的當代面貌，提供讀者兩個案例，看到民間信仰的與時俱變性質，即使是海神也可以因應陸上環境，時代變遷，順應社會需求，提供信徒迷亂生活中的一個參考座標。

本書異於其他媽祖研究的書在於，1. 提供一個學術史的回顧，從顧頡剛、奧村義信到石萬壽、蔡相輝的著作回顧。2. 從日本學者增田福太郎的媽祖神判研究討論法律進化論與法學的基礎。3. 提供當代最受矚目的「媽祖環境學」研究。4. 提供海神的不同性別的比較研究。足證女性海神媽祖研究與男性海神蘇王爺研究，仍然具有開闢不同學術議題的巨大潛能。

本書上篇有四章分別是江燦騰的兩篇論文，媽祖國際研究與截至 2000 年的本土研究概述、增田福太郎對於媽祖神判功能的法律學研究。

　　對於國際媽祖的研究、大陸湄洲千年媽祖來臺交流眞相的學術批判、相關媽祖著作的評介，以及戰前日本宗教學者增田福太郎的研究史檢討，江燦騰都有最精要或最深入的相關解說。

　　其中，最具特色的第二章，是首先於 1996 年提出、直到 2004 年再改寫和增補的。在此一主題和內容中，江燦騰的解說，所涉及的，是媽祖信仰和因之而衍生的神明裁判。因而這是研究臺灣媽祖信仰的新課題，並且最早是由日本殖民時期曾任臺灣宗教調查主任的增田福太郎所開啓的。

　　由於媽祖既是海上救難之神，也是陸上的萬能女神──這是以「靈驗主義」爲核心的演變結果，可是畢竟不像司法之神的城隍那樣，會職司懲罰或報復的強制行爲。

　　也因此，增田認爲在媽祖面前立誓表清白的舉動，並不能視爲純迷信的行爲，將其視爲道德觀念的另類呈現即可。例如當時日本警察一方面擔任神前立誓的見證人， 另一方面則依靠實際的採集證據來辦案，顯見兩者不必然是不相容的。這是在歷來相關研究中，首次被如此完整解釋。

　　本書上篇共四章的第三、四章，是由張珣對於 2000 年以後的媽祖研究，提出精細研究歷程來呈現其對於當代媽祖研究的社會科學新思維，亦即從現代媽祖的環境救難事蹟帶出媽祖信仰的現代性。

　　由於張珣過去曾長期觀察過臺灣早期農村的祭祀圈組

織，在其經過都市化與人口遷移之後，又逐漸轉變成跨區域神明聯誼會組織，因而提出「後祭祀圈時代的來臨」這樣突破性研究概念，[1] 具有重要的媽祖宗教與地方信仰變革新詮釋學的學術史意義。

其後，隨著媽祖進香儀式占據信徒生活重心，張珣的媽祖研究，進入儀式與象徵的熱題，儀式創造出的神聖空間與神聖時間研究，[2] 紛紛取代了祭祀圈研究。

繼而，張珣又繼續追蹤媽祖信徒跨出島內進香前往海峽對岸謁祖，媽祖與兩岸政治認同，成為學界關注的焦點。而當臺灣的農村再生與地方文化產業向民間信仰取材時，張珣又立即針對媽祖文創產業一枝獨秀，強力吸引當代臺灣年輕民眾重新認識被遺棄的灰暗廟宇文物這一新現象，提出有關「文化媽祖」的新論構想。[3] 因此，堪稱是當代研究概念的前緣重大突破。

至於本書下篇的全部內容，則是由蔡淑慧的碩士論文改寫的。這是一般研究海神比較少見的特例，在陸地發展出來的男性海神，探討的是金門縣金湖鎮伍德宮供奉的蘇（碧雲）王爺信仰。

蔡淑慧的研究新發現，是指出：金門蘇王爺原是清朝金

1　張珣，〈祭祀圈研究的反省與後祭祀圈時代的來臨〉，《臺灣大學考古人類學刊》58:78-111，2002。

2　張珣，《文化媽祖：臺灣媽祖信仰研究論文集》。中央研究院民族學研究所出版，2003。

3　張珣，〈從民間信仰與地方產業看國家與地方的關係〉，張珣主編《漢人民眾宗教研究：田野與理論的結合》頁 115-160，中研院民族所出版，2013。

門水師班兵的海上領航員，死後受清朝皇帝敕封成爲正神，成爲水師守護神，藉此釐清其異於一般王爺的瘟神信仰，確認其與媽祖同樣生前具有海上航行知識與經驗，死後被封爲海神的例子。及後，金門班兵移防到臺灣鹿港、艋舺、安平三地，蘇王爺身負有海上安全航行之責，被供奉在三地的金門會館內。

然則，蔡淑慧也在其研究中，進一步解說：由於清代水師班兵信徒，因著時代變遷而消逝，導致當代各處蘇王爺的信徒已然換成在地的信徒，也以不同儀式來祭拜蘇王爺。

而藉著以下所述，本書讀者，應大致可知此兩位多面向的海神：一男神，一女神，卻都經歷了從海神到陸上守護神的變遷。當信徒轉行改業，當信徒從漁民轉成海商，當信徒從水軍班兵轉成一般居民，神祇的神格、功能、儀式與祭祀組織也因應做出變遷。因此，本書是關於當代臺灣兩性多面向海神的民俗與信仰變遷，提出非常不同於當代臺灣宗教學界大量現有的研究模式與敘事方式。

再者，環顧我們生活於斯的相關環境，立刻可以強烈感受到身在臺灣島嶼，四周全是海洋圍繞。幾百年來漢民族的先民一波波地渡海入臺，在其登陸之後，也是先沿著海岸再逐漸進入內山定居。因此，生活經驗中，我們占絕對的多數臺系漢族與海洋從不陌生，但是書本上卻很少有關海洋的知識或是教育。這可能源於漢民族的中原文化偏向大陸文明特性，對於海洋相關的紀錄或是知識傳承比較缺乏。

若進一步的探索，我們可以發現一個驚人的社會現象。此即臺灣漢人民間信仰似乎對水，無論是海水、河水、湖水，

都有一種潛在的畏懼。因而漢人民間的水鬼信仰很濃厚。我們每個人，幾乎從小即被長輩警告，不要接近水，似乎所有的水域都是危險的。於是像這樣的信仰與心理，多少阻礙我們開創對海洋的想像與未來。

實則我們從媽祖這位福建莆田地區的女神傳說中，可以知道閩粵沿海的居民生活在海邊，徜徉於海洋。

從媽祖保佑宋朝路允迪出使琉球，元代泉州是當時世界大港也是弘揚媽祖信仰的重鎮，明朝鄭和獲得媽祖庇佑七下西洋，清朝施琅再獲媽祖護佑攻克臺灣等等的傳說敘事可以知道，宋明以來華南旺盛的海上貿易與移民一直是媽祖信仰的重要推手。海神蘇王爺的影響，固然不及海神媽祖的影響那樣大，也是足堪注意與研究的對象。

我們須知，宗教信仰與社會生活是互相辯證存在的。早期人類遇到天災海難祈求神祇護佑，神祇是高高在上，懲惡獎善，人是戰戰兢兢地仰賴神恩。進入現代科技社會，不只有天災、海難或是地震，更令人寢食難安的是人禍。人類自己製造出來的禍害，其中之一，是環境汙染。無論是工業或農業造成的環境汙染，以及目前仍然縈繞於臺灣人民心中的核能發電安全問題。

無論是當年鹿港杜邦的工業汙染疑慮或是貢寮核四廠核安疑慮，我們看到媽祖信仰不是一種象徵或是懷舊情操，而是一種與土地結合的道德堅持，一種以群眾力量解決某一階段的社會發展問題的方式。

當代的媽祖信仰展現出來的是，作為信徒的人類，本身具有主動性，能夠運用信仰，運用儀式，來解決人世間無法

解決的利益衝突與發展矛盾。因而本書的論述，對於本土性、當代性、文化性、社會性與法治性的宗教信仰特質，賦予深切的人性關懷與愛鄉情感。

上篇

新視野透視下
的多面向海神媽祖

媽祖的國際研究與本土研究概述

江燦騰

一、關於國際的媽祖：信仰傳播與學術研究概述

在本書開頭，先對〈一、關於國際的媽祖：信仰傳播與學術研究概述〉略作介紹。此文當初原是應 1993 年 4 月刊載的《歷史月刊》該期「媽祖專輯」的邀稿而寫就的。我在臺灣宗教學術研究的擅長領域，雖非全方位的媽祖信仰研究，可是並不外行。

只是在此一簡明的介紹篇幅裡，我只想就個人覺得有趣、有學術意義或研究代表性者，稍加說明。而且，為了避免與同專輯內的其他作者重複論述，我將當代臺灣與大陸的國際媽祖研究少提，或完全略去。

由福建莆田的寧海發源，媽祖信仰漸次普及海外各地

對於媽祖信仰特質及其流傳各地的原因，通常學者的論述觀點，都會分別談到女神或海神的重要性。但是，對不清楚中國古代女神信仰和觀音信仰本質的人，對上引的簡略資料，可能沒有多大的詮釋作用。底下，我們就李獻章氏的大作，在加以引申說明。

李獻章在他的大作第三篇，分六章來處理媽祖信仰的發生、傳播及其影響。李氏指出，媽祖信仰先從福建莆田的寧海發源，然後由福建各地祠祀的普及，而漸漸擴大到江浙地方。而後大陸的南北沿海地區，從山東以北到廣東以南地方，包括香港、澳門皆有媽祖信仰，再進而擴及臺灣、澎湖諸島和亞州鄰國。在琉球方面，有唐人居住的久米村、姑米島，

將天妃引進當地。

在日本方面，則薩摩地方、長崎、東日本地方，皆有媽祖信仰的傳播與變貌。其中東日本的天德寺、磯濱、磯原天妃山、下北大簡浦的媽祖信仰，尤其值得重視。顯然的，李氏是以中日的媽祖信仰為中心，至於東南亞或其他地區的情況，則未論及。

讀者或許會問：是否有資料記載其他地方也有媽祖信仰呢？答案是：有的。例如蔡相煇編著的《北港朝天宮志》（雲林，1989 年），即提到海外地區信徒分靈朝天宮媽祖前往供奉或建廟祭祀者，達二十餘國或地區。其中仍以日本地區占最多。其他像菲律賓、新加坡、美國、澳洲、阿根廷地區，都是以華人供奉為主。時間從 1976 至 1988 年，可以說，恰當臺灣經濟正開始繁榮之際，分靈的現象和海外的活動，與此應有一定的關聯。可惜蔡氏未能就此分析，無法透視兩者進一步的意義。反之，李獻章氏的大作，則史料齊全，因此意義清楚。

觀音信仰有助於媽祖信仰的形成

在李獻章氏的大作中，除將媽祖傳播的情形論述之外，也探討媽祖傳說的原型和演變。在引述的資料中，同樣提到浙東普陀山觀音信仰對媽祖傳說的形成大有幫助，後者被視為前者的化身之一。

除此之外，原書也提到元、明兩代漕運的浩大，使媽祖信仰大受朝廷重視之事。但是，李氏未進一步分析觀音信仰如何和媽祖信仰重疊，而這是我最感興趣的。此外，我也想

了解兩種女神信仰重疊，是否有衝突之處。

根據日本學者左伯富在其〈近世中國觀音信仰〉一文的見解，觀音信仰自南北朝開始在中國盛行，到唐末時，浙東（南海）普陀山觀音的道場逐漸崛起，日後並成為最盛的香火道場。而英國牛津大學中文講座教授杜德橋在《妙善傳說——觀音菩薩緣起考》（臺北：1989年）一書，則提及北宋年間僧人和文學家合作，創造「妙善傳說」的經過，杜氏並從中國傳統女性的可難遭遇，來解釋此一信仰盛行的原因。

就中國佛教信仰的流傳、並進行本土化的過程來看，《法華經‧普門品》的多變萬能觀音，為觀音中國化帶來靈驗和轉型的便利。何況，觀音在印度本土就具有海神的功能。史料也記載，北宋時高麗使節來中國，舟經浙江東海上遇濤浪時，祈禱觀音獲救之事。而媽祖的海神角色，後起於南海觀音的盛行，兩者以「化身」來銜接，可避免兩者在信仰取向上的相互衝突。

明末編撰的《天妃顯聖錄》則是最具體呈現此兩者的主從宗教隸屬關係。此所以，在臺灣南北各地，若是媽祖廟（如北港朝天宮）則後殿必供奉觀音；反之，若是觀音寺（如萬華龍山寺）則後殿必然配祀媽祖。而這種現象，就是奧村義信在其書中所說的媽祖「與南海大士相混」的有趣現象。

但是，在中國北方碧霞元君是主神，與古來的泰嶽信仰有關，在時間上早於南方的媽祖信仰，但當漕運盛行時，以南方水手為主體的福建媽祖信仰，亦隨之傳入北方。

反之，當漕運沒落時，媽祖的女神角色則被碧霞元君所取代，形成信仰衝突的現象。至於觀音在北方，則因其多化

身與專屬佛教菩薩的宗教性格,而依然維持其影響力。像這樣從印度到中國的神祇變遷,也是研究國際媽祖不可忽視的。

二、關於本土的媽祖:研究著作的書評及兩岸交流反思

評石萬壽教授著《臺灣的媽祖信仰》及其他研究著作
書名:《臺灣的媽祖信仰》
著者:石萬壽(成功大學歷史系教授)
出版社:臺原出版社
出版時間:二〇〇〇年元月初版

在本節正式針對相關著作批評之前,我想本書的讀者應該大致都知道:臺灣地區每年的春夏之際,都有大規模的迎媽祖活動,熱鬧非凡,所以俗稱「三月瘋媽祖」,即用來形容農曆的三月中,臺灣民眾為迎媽祖而情緒亢奮和熱切忙碌的樣兒。

特別是,近年來,臺中市大甲區「鎮瀾宮」的遶境活動,因耗費時間長、政治名人參與者多,加上媒體大量報導,使其活動過程既充滿了宗教政治味,也打響了本身的知名度;至於因此而招來大量信徒參與和收穫了豐厚無比的香油金,則更不在話下。

臺南市文化局 2001 年也不甘示弱,擴大舉辦以南府城「大天后宮」為號召的一連串文藝活動,欲圖重振昔日的龍頭媽祖地位。雖其成效如何?尚有待評估,但已可證明:迄

今打「媽祖牌」，還是極被地方政府看好的一項民俗利器。

假如讀者對上述的媽祖活動，已很熟悉又想進一步理解，卻因找不到較具深度的相關歷史著作而難以如願者，則筆者認為由南臺灣著名的臺灣史專家石萬壽教授在 2000 年，所出版的這本《臺灣的媽祖信仰》專書，相當程度能說明媽祖信仰興起的相關時代背景，及其在清代臺灣被官方冊封的內幕和細節。

換句話說，假如讀者想知道的，只是較權威的官方記載或較可靠的歷史文獻中，有關媽祖的事蹟和官方的種種「媽祖政策」，則本書的探討內容是深入而出色的。特別可貴的是，作者能秉持史學家的理性認知態度，既不預設立場，也不輕信各家說法，而是根據文獻證據來進行必要的剖析和做出獨立的判斷。也因此，書中的論述，破立皆有——有繼承也有修訂——但，頗能成一家之言。

不過，在另一方面，本書雖是作者石萬壽教授花費將近十年（1988-1996）的漫長歲月，才陸續完成的多篇論文結集，但從內容來看：第一章是媽祖身世傳說的轉變，第二章是宋元明媽祖的封諡，第三章是清代媽祖的封諡，第四章是宋元媽祖廟的建立，第五章是明代媽祖廟的建立，第六章是清康熙以前臺灣媽祖廟的建置，第七章臺南大天后宮的建置沿革。顯然的，媽祖的身世傳說、歷代朝廷的封諡和迄清代為止的臺灣及臺南地區的媽祖廟建置，即是本書的主要重點。

但，有關臺灣的媽祖信仰在日本殖民統治時期和戰後的新發展，則在本書中可以說只一筆帶過，未加深論。又由於處理的問題，是歷史文獻和歷史事件，所以本書除第一章外，

內容都與宗教性的問題甚少關聯。換句話說，書中幾乎不處理人類學或民俗學的相關課題，因此對於此類的重要研究，作者也很少回應，甚至提也不提。

此外，從法律學或比較宗教學所提出的研究課題，本書也不涉及。所以，讀者若興趣還包括歷史以外的問題，就必須參考其他的相關著作。

底下即舉四類書籍，以供有需要者參考：

第一種和本書類似是屬於歷史的探索角度，但資料內容互有差異。此類著作，可舉（一）李獻章著《媽祖信仰之研究》（日本：泰山出版社，一九七九年）。此是劃時代的研究，資料豐富，論題寬廣，為作者的博士論文。此書在臺有各章的譯文發表，全譯本則是鄭彭年於一九九五年譯出，由澳門海事博物館出版。此書對石萬壽教授的研究，極為重要。（二）蔡相輝著《臺灣的媽祖與王爺》（臺北：臺原出版社，一九八九年），這也是由博士論文改寫的，但因主張新奇，所以石萬壽教授對其反駁甚多。（三）蔡相輝著《北港朝天宮志》（雲林：北港朝天宮董事會，一九九五年出版）。此書除日本殖民統治時期較弱之外，是認識北港朝天宮最佳的作品。（四）王見川、李世偉共著《臺灣媽祖廟閱覽》（臺北：博揚文化，二〇〇〇年）。此書是最新的臺灣媽祖廟研究，能兼顧學術與通俗的雙重需要，一方面反映學界新知，一方面又配有精美圖片，看來賞心悅目。

第二種是人類學的，但較具代表性的，是黃美英著《臺灣媽祖的香火與儀式》（臺北：自立文化，一九九四年）。此書是作者在清大的碩士論文，但文筆流暢，分析深刻，是

之前作者擔任記者多年採訪成果的進一步提煉，相當精彩。

第三種是專輯或綜合論文集之類的。（一）〈媽祖尋根及媽祖信仰渡臺後的發展〉，原載《歷史月刊》第六十三期（一九九三年四月），此專輯由李豐楙、黃美英、江燦騰、丘彥貴、蔡相煇等名家執筆，因此專輯中的各文皆堪稱介紹臺灣媽祖研究與發展的頂峰之作。（二）《媽祖國際學術研討會論文集》（北港朝天宮與臺灣省文獻會編印，一九九六年出版）。此論文集是兩岸學界精英的重要研討會總成果，各類論文達二十篇之多，但臺灣學界的水準顯然高於彼岸同行甚多，顯然「媽祖學」的重鎮是在臺灣本土，而非對岸。（三）張珣〈百年來臺灣漢人宗教研究的人類學回顧〉，原載《臺灣史研究一百年》（臺北：中研院臺史所籌備處，一九九七年）。此一長文，有極大部分是評介有關臺灣媽祖研究的精彩檢討，例如對分析概念「祭祀圈」和「信仰圈」的批判，即是深入和擊中要害的。故有意進一步求深入者，非讀此一名作不可。

第四種是一般性介紹。此類書籍，可供一般參考，學術性不高。較佳者，此處推薦一種，即《臺灣廟宇文化大系（貳）——天上聖母卷》（臺北：自立文化，一九九四年）。此書文筆尚稱流暢，是彙集多人的報導而成，內容詳略不一，但若與第一類的王見川、李世偉共著《臺灣媽祖廟閱覽》一書對照來讀，仍能有一些收穫。

以上是臺灣學者的重要作品，但不包括其他大量的單篇論文。至於日文或英文的部分，此處只得從略。但，讀者須知，正如前面已提及的：不論從女神特徵或從國際傳播的角度，

事實上仍還有其他各種研究的著作存在。

　　只是在本節中，我們的介紹只到 2000 年爲止，之後的相關研究，讀者可以參考本書的第三章〈當代臺灣媽祖研究新思維：「文化媽祖」研究的新取向〉和第四章〈現代人類學視野下的新透視：從當代媽祖的救難敘述看媽祖信仰的現代變遷〉由現任中央研究院民族所長張珣博士所寫的精彩介紹。

兩岸交流反思：論湄洲媽祖來臺交流，應避免商業化的問題

　　這是我刊載於 1996 年 12 月 23 日《中國時報》上的一篇專論，當時影響很大。所以特轉錄於此。

　　根據新聞報導，大陸福建湄洲媽祖元始金身，即將於 1997 年 1 月 24 日來臺「遶境百日」。來臺的兩尊媽祖，據說是千年出土的元朝石頭媽祖，另一尊是正殿的軟身媽祖。除此之外，還有一顆道光皇帝所賜的「媽祖御璽」，刻有「湄洲祖廟，天上聖母，護國庇民，靈寶符笈」等文字。而爲了慎重起見，主辦單位還在《備忘錄》中明訂：每件聖物要投保數百萬人民幣的鉅額保險。可以說，此一排場和特殊的歷史條件，一經媒體透露，迅即轟傳各地，並被認爲是「千年頭一遭」的盛事。然而，眞的是這樣嗎？是值得懷疑的。

　　筆者的質疑如下：

　　一、那顆號稱「道光皇帝所賜」的「媽祖御璽」，推斷應該是「仿刻」的。理由有二：(一) 湄洲祖廟在 1981 年前，

並無此御璽。其後是借臺灣北港朝天宮的御璽爲底本仿刻的，因此只更動其中「天后聖母」的「后」爲「上」，而成了「天上聖母」。(二)問題在於清代皇帝從未用「天上聖母」四字冊封媽祖，也找不到任何官方證據，所以有「天上聖母」的「御璽」恰好成了作假的鐵證。因此臺灣的媒體和此次的主辦單位，未免太粗心大意了，才把大陸的「假印」捧得那麼高。

二、迄 1996 年 8 月爲止，筆者遍閱的兩岸資料，都無現有湄洲正殿的軟身媽祖，是「文革」之前的作品記載。臺灣大甲鎮瀾宮在解嚴之後，坐漁船到湄洲祖廟請回的那尊轟動一時的軟身媽祖，同樣也是在「文革」之後的製品。就宗教聖物的歷史性來說，大不如臺灣現有的媽祖歷史文物，這是我們應該清楚的。

三、雖號稱是元代殘存的千年「石頭媽」，卻絕非媒體所說的「元始金身」。因爲媽祖信仰在北宋即已出現，以後因漕運發達與國際海域的船舶往來，媽祖逐漸成爲東亞水域最知名的水神崇拜。可是，湄洲正殿的媽祖，最初的面貌，以及持續存在的情形，雖有資料卻缺完整圖像。但，可以確定的是，絕非現在號稱是元代出土的「石頭媽」。因神像的雕刻極重傳統，且神像內部必裝有「七寶」，才是正統媽祖雕像的作法。筆者在此建議：兩岸學者可以共同來檢視「石頭媽」的歷史價值。

四、湄洲媽祖是華人媽祖信仰的發祥地，臺灣移民主要來自福建，信仰媽祖也占最多人口。可是，解嚴以來，臺灣民眾已不乏回福建進香的經驗。湄洲祖廟因此獲得大筆來自臺灣香客的捐款。兩岸媽祖學術會議，也先後舉辦了幾次。

筆者在 1996 年 8 月，不但與會，還擔任大陸學者的論文的講評人。當時，與會的臺灣學者一致認為，大陸的媽祖學術水準差臺灣太遠，全球研究媽祖的學術重鎮是在臺灣，而不是福建。這也是在兩岸交流中，不應忘記的一點！

五、此次湄洲媽祖來臺，是兩岸非宗教的政客與商人經過三年多的協商才敲定的。在「備忘錄」中，明載條件之一，就是要提供一千五百萬人民幣，作為成立「媽祖文化基金會」之用。來臺灣的三梯次開銷，也全由臺灣方面負責。這意味著什麼呢？

筆者認為千年媽祖來臺遶境，不折不扣是帶著宗教面具的政治遊戲和商業手段。這也就是北港朝天宮一直拒絕掛名接待單位的主因。拒絕的理由是，主辦單位不敢承諾不涉及大筆金錢交易。事實上，福建的官方代表林文義，在臺灣方面的質疑之下，表示：是上面交代的，自己也不太贊同。而臺南大天后宮也是在不明底細的情況下，被請求「掛名」接待的（大陸方面要求臺南大天后宮和北港朝天宮兩廟具名接待，但被後者婉拒了）。看來，1997 年 1 月，將有一場媽祖大戲在臺上演！

可是，1996 年年初，福建泉州媽祖來臺，從事交流之後，即在臺灣將「泉州媽祖」出售換錢。再加上李登輝在擔任總統期間，藉此表示媽祖也願意支持臺灣，使得大陸方面惱火，下令要徹查和處罰出售「泉州媽祖」的相關人員。到底此次湄洲媽祖來臺後，會不會也同樣將媽祖出售換錢呢？且讓我們拭目以待。但，筆者還是建議：先還歷史一個公道；並且，來臺後，純交流，不敲竹槓。

貳

增田福太郎對於媽祖信仰與法律裁判的神觀詮釋

江燦騰

一、前言

1996 年在北港朝天宮所舉辦的媽祖學術研討會上，我首次以〈媽祖信仰與法律裁判〉為題，探討增田福太郎以「法律進化論」所建構的特殊神觀，並由王見川教授講評，由於主題新穎，資料罕見，且講評精彩，所以在當場相當受好評。

其後，曾任職於臺灣省文獻委員會的前輩學人黃有興先生，更因此接受我的請託，和我共同將增田福太郎的名著《臺灣之宗教》完成全書中譯的工作。

但其後數年，我因生重病，所以增田福太郎的《臺灣之宗教》中譯一事，即由黃有興先生一手完成，但未出版；因黃先生仍希望我參與書中的註釋或解說，以符當初約定兩人合譯的承諾。此一學術成果，一拖延就是數年過了，仍遲遲未能完結和出版。

直到 2003 年底，有一場首次關於「增田福太郎與臺灣研究」的學術研討會，在臺北市南港區中央研究院民族所順利舉行，各種資料和論文紛紛出現。

我和黃有興先生，決定趁此良機，將增田福太郎的《臺灣之宗教》中譯本，配合我的最新解說，並以《臺灣宗教信仰》為新書名，設法趕在 2005 年於三民書局出版。

可是，如今重讀，我發現其中存在不少敘述不清、說理並不徹底的缺失，於是我決定再按原架構，重新再改寫一次，因而有此文的出現。

事實上，媽祖信仰是宋元以來，從福建莆田地區，藉航

海和漕運而興起的海神信仰，由於國際水域的背景和福建移民海外的風潮，更使此一信仰遍及東南亞和東北亞的鄰國地區，成了跨地域性的著名海上保護神信仰。雖歷經千年，而迄今在臺灣、福建、南洋各地，都依然有廣大的媽祖信仰群眾。並且，隨著信仰圈的擴及內陸和都會區，原先作為海上女神的角色，也逐漸多元化和提高層次而成了全方位的萬能女神。

像這樣的神明信仰演進史，無疑具有重要的宗教文化和社會發展的密切互動關係，若能透過有效和明確的觀察分析，實可以用來說明與其相關的區域開發史、海洋史、宗教文化史或民族志等各種現象及其發展軌跡，是相當重要的學術課題，值得探討。

而在事實上，媽祖信仰的相關研究，長期以來，在國際學界的不斷耕耘和探究之下，所撰述的和所出版的專著或論文的數量已非常龐大，並且依然源源不斷，堪稱「媽祖學」而無愧。

可是，「媽祖學」的熱門與存在是一回事，反之在學者相互間，彼此所持觀察角度、或方法的不同，則又是另一回事。事實上，有關媽祖信仰史的研究，在不同階級、不同地區、不同學術背景的眾多學者之間，是存在著問題意識的不同和方法學的差異的。

例如關於臺灣的媽祖信仰研究，在日本殖民時期（1895-1945）由日本學者來臺所進行的宗教調查和研究報告，便具有從殖民者角度來觀察的視野。

其中，尤以具有法律、政治學背景又兼受比較宗教學的

專家，如增田福太郎 (1903.6.25-1982.11.15) 氏（於 1929 年來臺灣，擔任第二次臺灣宗教調查主任）便和一般純從歷史學和人類學角度的研究不同；而這種不同，在新學術領域的開拓和多元化來說，也有意義的，必不可少的，值得加以吸收和繼承。因而，本文就是基於這樣的研究考量來撰寫的。

1996 年 5 月間，筆者在臺大法學院的圖書館地下室，偶然發現了日本殖民時代著名的臺灣宗教學者增田福太郎的一篇論文〈臺灣に於ける天上聖母の崇敬と立誓事件〉的抽印本，全文共 46 頁，是增田福太郎於 1934 年所寫的。

隔年，「臺北帝國大學理農學部農業經濟學教室研究資料第 22 號」載入《農林經濟論考》第 2 輯，頁 131。因上面有增田的親筆題字，所以知道，這是他當時呈送在同校「文政學部——政學科」擔任「民法民事訴訟講座」的宮崎孝治郎教授的。

筆者並非臺灣媽祖研究的專家，但因相關臺灣的宗教研究是長期關心的學術課題，所以特別抽空將此新資料的發現及其相關的學術課題，分別加以扼要的解說，好使其他未見此文的學界同道，也能共享此一發現和成果。

二、問題的提出：關於媽祖信仰與法律裁判的名詞釋義及增田氏的論文內容說明

何謂媽祖信仰與法律裁判？這是筆者所標出的本文標題，但誠如上述，這是新的媽祖學術課題，所以有關筆者探討的題旨和名詞，到底指涉哪些對象和內容？有必要先釐清。

否則，討論者在認知上既有歧異或費解，則一旦要進行互相爭論或彼此討教時，就難免出現彼此各說各話的情形了。

為免此種沒有交集的討論出現，此處即先將「媽祖信仰與法律裁判」一詞，提出若干說明。如此，則在研究者和討論者間，常出現的互相誤解，是可以少一些的：

甲、在本文標題上所出現的「媽祖與法律裁判」用語，不用說，原先是為了順應增田氏的這篇研究論文〈臺灣に於ける天上聖母の崇敬と立誓事件〉的題目而來。這其中，「臺灣に於ける天上聖母の崇敬」一詞，用「媽祖信仰」來涵蓋，似乎較無問題，也可容易理解。因為「媽祖信仰」的前提，就是「崇敬」有「天妃」或「天上聖母」稱號的「媽祖」。

可是，增田原論文題的後半是「と立誓事件」，這又要如何與筆者題目所用「法律裁判」的一詞相掛鉤呢？如不解釋，似乎不易理解。所以，底下再繼續說明。

乙、其實，在「と立誓事件」的一詞中，「と」是日語中表示動作、作用的共同者，即類同中文的「和」、「與」、「跟」等格助詞。因而，這是和「立誓事件」有關的。不過，主體在於何謂「立誓事件」？

就增田氏在論文中所描述的用語和內容來看，所謂「立誓事件」，就是指民眾在媽祖神像前立誓某事，要得如何、如何的判決答案，以便決定爭執兩造的誰是誰非？以臺灣民眾的語言來說，就是「對神咒詛」——雙方將爭執的問題和堅持的理由分別訴之同一神明然後，以所取得的神明裁判，來決定當事人中，何人較清白？或誰較正確？換句話說，就是雙方在媽祖神像前向其立誓，並請求裁判。這就是增田氏

原先論文題的涵義。

丙、不過，所謂「神明裁判」(ordeal) 按《大不列顛百科全書》對該條的解說如下

> 指本著結果會反映超自然力量的裁判，以及超自然力量會保達正義取勝的這種理念，對提出某種要求或控訴的事實，採用各種不同方式的審判或判斷。雖然神明裁判常常出現致命的後果，但它的目的不在懲處。神明裁判的主要類型，有占卜、體力測驗和格鬥，……。[1]

《大不列顛百科全書》在解說中，還曾提到緬甸、中古歐洲、印度教、英國古老習俗等各種方式的「神明裁判」，但完全沒有提及中國或臺灣方式的「神明裁判」。

然而，從類型分析來看，在臺灣盛行的「對神咒詛」——神前立誓——基本上，應可歸入廣義的「占卜」之類，雖然在兩者間，還存有些習慣上的差異。

問題只在於：「神明裁判」是否能等於「法律裁判」？因其中的困難點在於：究竟要如何區分何者是屬「神」的裁判？而何者是屬「人」的裁判？此兩者差異和過程的明確分隔線，究竟要劃定在何處？

因為任何類型的「神明裁判」，都會面臨一個基本難題，即「神明」本身是無法以有形的物質身體親臨現場來執行聽

---

1 廖瑞明主編，《大不列顛百科全書》中文版第十三冊（臺北：丹青出版社，1987 年），頁 153。

訟或在當場做出判決。它唯有透過種種現實世界的人或物的動作信號來表示，才能爲人所了解。

若將其判決的「主體意志」視爲「神意」的顯現或指示，那麼它就被認定，是屬於「 神明裁判」；反過來說，若將其判決的「主體意志」視爲「由人做主」的顯現或指示，那麼它就被認定是屬於「法律裁判」。

可是，原本屬於同一行爲，卻可能出現兩種截然不同的裁判認定，究竟要如何對其作出明顯的區分呢？換言之，在「神明裁判」異於「法律裁判」的情況下，本文所面臨的討論難題，就是「媽祖信仰和法律裁判」的主題討論，究竟要如何才能進行？

於是，此一問題的本身，再度回到增田氏的論文立場。先讓我們看看他原來題意究竟是什麼？亦即看看「立誓事件」，是否可用「法律裁判」來處理？

按增田氏，在其〈臺灣に於ける天上聖母の崇敬と立誓事件〉一文中，他是以如下「目次」來探討的：

本稿の目的
第一節　支那における發地と靈驗
　　　　其一　傳記
　　　　其二　生前靈驗記
　　　　其三　襃封と昇天後の靈驗
第二節　臺灣における天上聖母と崇敬
第三節　臺灣海峽と聖母の崇敬
第四節　島內における廟祀と靈驗

其一　臺北州

其二　新竹州

其三　臺中州

其四　高雄州

其五　臺南州

第五節　島民の神觀特質

其一　神人同格の諸相

其二　最近の神前立誓事件に就て

　　由以上的「目次」內容，可以看出：（一）有關「媽祖
崇敬」，是全文的主軸，份量最重。（二）有關「神前立誓
事件」，只是在全文的第三節第二項才被提及，似乎屬於附
帶性質。

　　可是，就因為這樣，有關「神前立誓事件」的部分，在
增田氏的媽祖研究中，即可認為是無關緊要嗎？從表現上似
乎如此，事實上一深究卻又不然。

　　因為根據增田氏在其〈本稿の目的〉所提到的來說，他
先是指出：「天上聖母」（即媽祖）在臺灣各地被高度崇敬
的情形，然後他也提到媽祖崇敬，在明末傳入琉球，和清初
傳入日本的事實，但接著增田便提起聖母崇敬和城隍祭祀，
可視為全臺漢族四百五十萬人的兩大民間信仰。

　　然後，他又在註 2 當中提到，可參考他在 1933 年所發表
的〈城隍爺の信仰に現はれたる臺灣島民の法律思想に就て〉
（《農林經濟論考》第一輯）。

　　而在事實上，1934 年增田氏還發表了〈臺灣に於ける大

眾爺紳前裁判事件〉於《明治聖德紀念學會紀要》第 42 卷。
這些論文，連同〈臺灣に於ける天上聖母の崇敬と立誓事件〉
等論文，彙整爲增田氏的第一本關於臺灣宗教研究的著作
《臺灣本島人の宗教》（東京：財團法人明治聖德紀念學會，
1935）。

　　以後，增田氏根據此書和新收集的材料，於 1939 年出版
了名著《臺灣の宗教》（東京：養賢堂）。再隔三年，1942 年，
他又將其進一步系統化爲另一部專著《東亞法秩序序說 ——
民族信仰を中心として》（東京：ダイヤモンド社）。

　　所以，從這一系列的著作中，可以發現：增田氏研究核
心，並不在天上聖母的崇敬部分（儘管單一論文時，看起來
似乎如此），而是在神明信仰與法律裁判的部分。

　　假如以上這樣的理解是可以成立的話，則增田氏的這一
相關系列研究，其實是有意透過「法律進化論」，來對臺灣
宗教信仰的本質和社會關聯，做有系統的探討。

　　因而，增田氏在探討原爲海上救難之神的媽祖信仰時，
便可順此一學術思維，將已在臺灣成爲極受人崇敬的「萬能
女神（媽祖）」之相關背景的解說，和當時 (1934) 出現在媽
祖神像前立誓的事件，貫串起來探討。

　　亦即，增田氏的這一論文題旨，其實是緊扣著從媽祖神
格的提升和轉變，藉以觀察其如何從原先的「海上救難女神」
之角色功能，蛻變爲具有「萬能女神」（媽祖）的新社會角色，
因而也能對民間的是非作裁判了。

　　如此一來，不論是「神明裁判」、「法律裁判」、「神
前咒詛」等各項行爲，若放在增田氏的「法律進化論」之相

關思考脈絡中，便可貫串起來，而不再只受限於「神判」？
或「人判」？這兩種互不相隸屬的異質判決觀念。

　　但，讀者或許對這樣的說明，還不十分清楚，所以底下
再就增田氏的「法律進化論」思維，稍微作一點系統的耙梳
和檢討。

三、從增田氏的法律進化論看媽祖信仰中的法律 裁判及其周邊問題

增田氏的法學與宗教學教育背景

　　增田福太郎是 1927 年東京帝國大學法學部畢業。1929
年來臺，擔任第二次臺灣總督府委託的臺灣宗教調查主任。
其宗教調查綱目如下：

(1) 第二回宗教調查預定從在來本島固有之寺廟而下手。

(2) 調查內地傳來之宗教（如神道、佛教、基督教及其
　　他）。

(3) 調查外圍傳來之宗教（即如基督教等）。

(4) 臺灣本地原有寺廟欲分佛教方面、道教方面、儒教方
　　面及一般民間信仰方面以科學的方法調查。

(5) 調查之內容，則可分爲三大綱領：（a）歷史方面，（b）
　　教理方面，（c）教團組織及其經濟關係。

(6) 第二回宗教調查之特色，將查出宗教現實所有之狀
　　況，而有缺陷弊害之處，將思方法以矯正。

　　1930 年，他應聘爲臺北帝國大學助教授；其後則兼任附

屬農專教授。1939 年以後,則返回日本擔任國民精神文化研究所研究員。

我們可以根據增田福太郎在其首部著作《臺灣本島人の宗教〉自序中所述,他在東京帝國大學法學部畢業後,進同校的研究所,追隨筧克彥博士研究法理學,筧克彥博士教導他宗教與法政,在本質上的關聯知識。

對於筧克彥博士熱誠地,以泛神論的立場,來說明國家本質的見解,增田氏坦言:在校時,只是心儀其說。來臺實際工作後,才有了具體的感受。而《臺灣本島人の宗教》一書,就是此一理論和方法學的具體表現。

在研究所的階段,另一影響增田氏宗教見解的,是在同校文學部,聽加藤玄智博士的「神道講義」。加藤玄智認爲要理解神明之道,若能從比較宗教學上的神人同格教,來進行實證研究,應較理想。

這其實也反映了十九世紀以來西方宗教學思潮的新發展,即:神的世界,實爲人的世界之反映;或宗教活動的本質,就是社會行爲的反映。問題只在於增田氏是透過何種方式來理解而已。這就觸及到增田氏在其文中所提到的「法律進化論」的思考了。

增田氏對於法律進化論的觀點和應用

增田氏的「法律進化論」見解,是來自其師積穗陳重博士的《法律進化論》第一冊。而若依增田本人的詮釋,他認爲在「神」前立「誓」的觀念,其實是屬於較高級的德義觀念之進步。亦即,他認爲此一觀念,是在人類的德義之心,

已稍有進步，伴隨而生，認定以眞實爲善、虛假爲惡，並隨之受約束的觀念，也發達了。

所以，儘管也伴隨著——「如果僞誓，神將懲罰」的信念，——「誓審」比起「禱審」來，迷信的成分還是少一點。

由於文化的發達，一方面信義在社會的德義上，成了重要的指標，他方面又繼之以檢察舉證的方法之講求。因此宣誓，已失去作爲直接判決的依據性質，如今宣誓只止於，作證言的保障而已。

此外，增田氏在同文中也提到，由於「宣誓」和「法律」也如此密切的關係，所以在古代的法律觀念裡，往往「法」即同時具有「誓」的意義。布魯諾氏 (BLUNNER) 著作 "Jutsches Rechtsgechichte"，l.S.15Anm.7 提到：法語中的 (Jus)「法」與 (Jurarc)「誓」有關係。又 LOX（法律），在諾曼時代的英國法律裡，「證據」特用爲表示「宣誓」的意義。德語 Recht（法），在撒克遜的古法裡，也用來表示「誓」的意義。

由以上的說明來看，增田氏是將「神明裁判」(Ordeal) 的意義，放在「法律進化論」的思考脈絡之下，來針對論文主題中的「神前立誓」行爲，在法理學和倫理學上，作了較高層次的肯定。

於是，我們可回過頭來，再針對其論文中的「立誓事件」，進行實質的內容觀察。

關於在媽祖神像前的立誓事件

根據增田的講法，他在 1934 年 4 月 7 日的《臺灣新民報》

上，看到了一則消息，新聞的標題是〈黑白を爭うで媽祖前て呪詛〉，內容則說：

「先前在臺北州海山郡警察課，被檢舉的偽造骨牌事件，製造者是住板橋街社後，第259號的黃壽昌（29歲），以及板橋街後埔，第89號的游吉春（43歲）兩人，彼等所私密製造的各類骨牌數千組，又企圖逃稅。因而，將此一私密製造品，交由住在同街社後的林大瑞（43歲），向各方出售。

可是，根據林大瑞，向警方自首，他曾經將骨牌賣給社後地方的有力人士，黃某的妾，俗稱苦力婆的朱氏好。

朱氏好本人則向警方訴苦說，這是黃某的元配，和林大瑞串連的奸計，目的是要使其和黃某分開。

不過，林大瑞則信誓旦旦地說，四色牌已確實賣給朱氏好，因此使得案情撲朔迷離。

於是在4月5日，午後3時左右，當事者雙方，即林大瑞和朱氏好相約到板橋街媽祖宮（慈惠宮）的神前呪詛；然後，雙方再到警察課，在警官的見證之下，重新又發誓一次。

由於此一事情，隱藏著頗不單純的內情，一時頗引起板橋當地居民的注意。」

甲、對於這件事的後續發展，增田氏的補充說明如下：林大瑞和朱氏好一齊到媽祖神前參拜、上香。

先由林大瑞立誓。林大瑞說：「倘若我誣賴朱氏好購買骨牌，我的妻女立刻不得好死」。可是，朱氏好認為這句誓語，帶有「呪詛讓別人死」的嫌疑，要他重新立誓。

原來，林大瑞的妻子現在正與其他男人私通，他當然希望她早死，對她的死活已毫不關心了。所以他的詛咒，沒有

實質作用。

　　林大瑞見抵賴不過，只好再發毒誓說：「假若我有半句虛假，最近我就會殘廢，而且不到一年即死亡。」

　　乙、朱氏好在林大瑞發誓以後，也進行同樣的發誓行為。

　　擔任作證的警官，在彼等發誓時，皆以手按在彼等的胸前，以檢測其心中的悸動狀況。這是由於人不可欺神的想法，已在臺灣人的心中牢不可破，所以在對神發誓時，可以測出其心裡的實際狀態。

　　丙、林、朱兩者當事人，走出廟口時，看到圍觀的人群如潮湧。雖然警察局就在廟的對面，而兩人正往警局途中，但朱氏好又在圍觀群眾前，取出先前在廟裡所拿的線香插地上，再向天跪下，發誓本身是清白的。

　　此舉立刻博得圍觀群眾，對其立誓誠意的高度肯定。

　　至於，另一當事人林大瑞，則此時，仍只跪坐著。所以就第三者看來，朱氏的態度，無疑較林大瑞作為更實在，也更讓人相信她的清白。

　　丁、雖然日本警方當時也參與見證，可是並不作為法律裁判的基礎，僅止於為兩造當公證人罷了。所以，製造骨牌的游吉春，判懲役半年。林大瑞科罰金四千元。朱氏好被檢舉販賣骨牌的部分，因罪證不足為判刑，但因另涉及別的賭博行為，被罰了二十元。整個事件就此落幕。

　　戊、不過，此事還有一個插曲。因為根據增田自己的講法，他當時曾就此一咒詛事件，請教一位號稱老虎的司法代書，問他：「媽祖既不像城隍爺或大眾爺那樣，是司法裁判之神，那麼兩個當事人向媽祖發誓，會不會沒意義？」老虎

回答說：「沒特別的意義。只是媽祖廟就在警察局斜對面，雙方的當事者也同意，就這麼定下來。……」此時，有另一個旁聽者也說：「原來如此。」接著，他又補充說，「不論臺北市的城隍爺也好，新莊街的大眾爺也好，彼此都是神的同事，雖然向司法神投訴有一定的順序，可是基於同僚的關係，如果媽祖判不出來，也可移請城隍爺或大眾爺判清楚」。

但，對增田來說，他雖覺得老虎之前的話有道理，可是根據他的經驗，卻又非僅是如此而已。因為在媽祖神前立誓，並非只出現在板橋，所以此次板橋的神前立誓事件，並非特例。

他在文中，另舉了 1935 年 1 月 5 日，出現在虎尾郡土庫的媽祖宮，也將有大批人前往，觀看神前咒詛的報導，屆時連嘉義的城隍爺、土地公，以及麥寮的媽祖等，也同樣會被招請，去做見證。

所以，增田福太郎對於這些習慣做法，其真意究竟為何的心中疑團，一時並未消失。

但，這是出現在此文之後的事，他又如何繼續觀察？或處理呢？此即下一部份，我們想再探討的。

關於增田氏研究神明裁判的一些周邊問題

其實，這並不是觀察多少次的問題，而是思考的問題意識為何，才是關鍵所在。因此，我們不必再追問：增田後來是否去了虎尾郡土庫的媽祖宮現場？而是要了解他之所以研究此一課題，一方面是源自早先教育背景如此，另一方面則是在臺灣本地從事宗教調查時，此地的信仰特殊性，能提供

實際的田野資料，給了他有和理論印證的機會。所以他的研究，是一系列的，都環繞這一相關的主題。

即以這次他所討論的臺北板橋街的媽祖宮前立誓案來說，他不但從看到報紙報導，就開始注意到這一有趣的課題，他甚至到現場去做種種觀察和理解，然後再提出自己的判斷。亦即，他以實際的參與者角色，作爲觀察線索，並一再地展開其追蹤的後續增補工作。

所以，從他的著作目錄來看，即可發現：他除了發表〈臺灣に於ける天上聖母の崇敬と立誓事件〉一文來討論之外，還分別在他後來著作的《臺灣本島人の宗教》第五章、《東亞法秩序序說——民族信仰を中心として》 第三章，都提過類似考察，而資料更正確 。

特別是，他在《東亞法秩序序說——民族信仰を中心として》一書裡，還明白指出：其研究的目的，就是要了解東亞（大陸）和人社會的「秩序」。此一「秩序」，是從「敬天→城隍→靈魂」的秩序——即以「敬天主義的法秩序」——爲其探討的內容。而這也是他想爲「新東亞秩序論」所做的一些貢獻。

但，弔詭的是，在其全書的八章中，有敬天、東嶽、城隍、土地、灶神、 庶神、諸靈、新秩序考，就是缺乏媽祖的專章。較之他在《臺灣本島人の宗教》、《臺灣の宗教》兩書中的重視，實在是一鮮明的對比。但，他的此一改變，究竟其涵義如何呢？

其實，若從法秩序的角度來看，不放入天上聖母崇敬的專章，是可以理解的。理由就是，因爲媽祖的神格，非屬司

法神的系統，故不宜合併探討。

　　換句話說，增田在 1935 年以前的論文，都在強調城隍和媽祖是臺灣民間信仰的兩大主流，這也是他延續前輩學者柴田廉在其《臺灣同化策論——臺灣島民の民族心理學的研究》（臺北：晃文館，1923）一書的論點而來。當此之時，其觀察的重點，是神觀與信仰的主要特徵，所以他根據所學的比較宗教學理論，認爲臺灣民眾的神觀特徵，其實是以神人同格的理論爲基礎，而代表此神觀特徵的兩大信仰系統，毫無疑問地就是以媽祖崇敬和城隍祭祀爲主要代表。

　　可是，到了他出版《東亞法秩序序說——民族信仰を中心として》一書時，由於他觀察的主軸已改變了，已從神觀特徵轉移到法秩序的相關性上了，所以媽祖的崇敬性質，便因其與法秩序的關係不密切，所以只得將其排除在原探討的結構外。於是，在媽祖研究上，我們又面臨了另一個問題：那就是爲何媽祖不能視爲司法神？

　　筆者個人認爲：誠如增田在其論述中，所指出的，媽祖信仰的核心，是源自所謂「靈驗特效主義」。所以，其傳說的內容，或所具有的靈驗功能及對象，其實是可以不斷地視社會的需要和變遷，而增加許多新的內容，並且，此種增加和改變，只會更增強其原有的靈驗特效，而不會有何危及其靈驗特效的本質問題之存在。這就是爲何媽祖原爲海上救難女神，可以轉化爲包括陸上在內的全能女神之原因。

　　問題在於，媽祖在宗教倫理上，是屬於善神、福神、多功能神，卻非報復性的懲罰之神。而我們根據媽祖的歷代被冊封紀錄，也從未看出可以衍生出具有類似官方公權力的強

制規範性，因而也就不具備有準司法神的裁判正當性。所以在臺灣民眾的信仰史上，媽祖一直就是有靈驗的保護神和救助神，卻非特定轄區的管轄者或執法者。

也因此，媽祖是宛若服務民間的修道者，是不必介入實際的司法管轄權之內的。媽祖的不必，就像具有同樣性質的觀音和佛陀一樣，都是屬於民間的信仰世界，故不能成為司法神，也不能具有公權力性質的裁判權，而只是滿足於純倫理的宗教道德之規範世界。

本文至此，既已釐清有關增田本人在此論文上的各項「神觀」與「法律裁判」問題。因此，我們即可說：媽祖信仰和法律的關聯，只是一種倫理信仰結構上的關聯，而非具強制性的法律關聯。

此因媽祖信仰內涵，雖具有靈驗特效，也被歷代冊封，但仍是由其方外性修道者或民間性倫理保護者之原有特質所規定。所以增田的討論，最後也只能說出這種和法律裁判的若即若離之關係而已。

四、結語

以上本文環繞增田氏的論文，計說明了下列幾點事實：

一、媽祖信仰和法律裁判的關係，所以成為增田論文的主題，其實是和他先前所受教育的背景有關。

不過，來臺之前，他只是習得理論而已；來臺之後，他則能根據新發現的特殊田野資料，將其與理論印證，並提出了上述的那些看法。因此，他所論述的這一新學術課題的出

現，雖說具有一定的偶然性，卻值得我們對此作爲日後進一步研究的參考。而這也是筆者之所以要論述本文的主要用意。

二、從學術研究的邏輯來看，或從臺灣現有的媽祖信仰史之研究來看，以泛神論爲基礎、並以在地性信仰爲主要內涵的媽祖崇敬方式，最終無可避免的，也要涉及一些非本質性的、爲民眾見證立誓真假的裁判問題。

但，在討論上，可以說明的是，不論官方或民間，都未把媽祖視爲主要的司法裁判之神。所以媽祖崇敬和法律裁判的關係，可能會有關聯，但那將只是次要的、偶然性的呈現而已。

三、增田氏在其「法律進化論」的思考脈絡中，已一定程度上詮釋了關於「神判」——神前立誓——的新觀點。因他在整個詮釋過程中，都能援用各種中外文獻相關資料，藉以清楚說明了：「立誓」本身，在法律上，只成了個人信用之宣示，故儘管可將其當作道德意識之提高，卻無法成爲現代法律裁判的正式依據。

附錄

爲使讀者更進一步認識增田福太郎對臺灣傳統宗教研究的狀況，所特別將此文作爲附錄，以供讀者參考。

增田福太郎與
傳統臺灣宗教的研究：
以研究史的回顧及檢討爲中心

江燦騰

一、前言

增田福太郎（1903-1982）是日本殖民時代研究傳統臺灣宗教的重要學者，但過去學界對他的生平和研究成果，在1996年以前，雖有諸多肯定評價或全然忽視者，卻都屬在相關論文中的片段評價，或泛泛綜評，而非以完整的論文來探討。[1] 直到蔡錦堂教授於2000年10月發表專文〈臺灣宗教研究先驅──增田福太郎與臺灣〉後，學界才能對增田福太郎的生平及其長期的各項學術活動，有更近全面的認識。[2] 所以本文的撰述緣起，即以蔡教授之文爲回顧的線索。[3]

然而，若以專書出現的研究成果來說，迄2003年12月初筆者撰寫此論文爲止，似乎仍無有專書探討有關增田福太郎一生的學術成就者。而據筆者所見，目前似乎只有增田福太郎的次子增田貞治（1942生），於平成15年（2003）12月，編成《增田福太郎傳略》（以下簡稱《傳略》），共十七頁，包括其父一生各階段的重要事蹟、學術論文和專書的完整目

1　有關各家的評論，詳後討論。

2　蔡錦堂教授撰寫專文〈臺灣宗教研究先驅──增田福太郎與臺灣〉，於「20世紀臺灣歷史與人物」學術研討會上發表（國史館於2000年10月23日在臺北市國家圖書館漢學研究中心的國際會議廳舉行）。

3　雖然我是在蔡錦堂教授之前寫過關於增田福太郎研究的專論，但我對增田生平的部分所知不多，在新資料的使用上也大大不如，所以我仍以蔡教授的論文作為指標性來看待。而我的論文是，〈媽祖信仰與法律裁判──以增田福太郎的研究為中心〉《思與言》雜誌34卷4期（1996年12月）頁149-166。

錄，以及三十多幅外界迄今罕睹的增田福太郎生平寫眞集。故此一《傳略》也可說是迄今爲止，收集了增田福太郎生平最完整的年譜資料。

但此一《傳略》的內容，除間有簡單的論文資料說明之外，大都屬於資料和影像的羅列匯集，所以也稱不上是一本屬於嚴格意義下的學術研究專書。並且，在其「最近事蹟」一節的有關研究資料中，竟然遺漏了筆者在 1996 年所撰、也是增田福太郎生平從事研究傳統臺灣宗教研究以來，首篇被學界以完整專題論文方式探討〈媽祖信仰與法律裁判──以增田福太郎爲中心〉一文的相關資料，更是爲其美中不足之處。[4]

事實上，那篇論文的撰寫，是起因於筆者曾在臺灣大學法學院圖書館的地下室藏書堆中，偶然發現有一增田福太郎寫於昭和 3 年（1934）的論文〈臺灣に於ける天上聖母の崇敬と立誓事件〉抽印本；並且此文於隔年（1935）以「臺北帝國大學理農學部農業教室研究資料第二十二號」載入《農林經濟論考》第二輯頁 131-177。其後增田福太郎還將此抽印本，寫上自己的姓名題簽，呈送給在同校擔任文政學部政學科擔任「民事民法訴訟講座」的宮崎孝治郎教授，請其指正。筆者發現此資料之後，才決定將此資料撰成研究專文，於 1996 年秋在雲林縣北港朝天宮舉辦的「媽祖信仰學術研討

---

4 筆者曾為此事詢之蔡錦堂教授說：「何以會有此重大漏失？」而據蔡教授的解釋是：他也原先沒預料增田貞治會編此《傳略》的年譜資料，所以他當初提供給增田家的研究資料，就沒有包括筆者的這篇論文在內。也因此，增田貞治自然無從知道有此論文存在，故才有此漏失。

會」上發表，並深獲講評人王見川先生及在場眾多學人的高
度肯定。

　　而與會學者中，尤以前臺灣省文獻委員會的著名前輩學
者黃有興先生，對筆者更是鼓勵有加，然後藉此機緣，筆者
才直接和間接地促成兩件增田福太郎學術著作開始在臺進行
中譯的美事，所以也在此略為說明。

　　因第一件的翻譯構想，是出在北港朝天宮舉辦的「媽祖
信仰學術研討會」會後，由筆者極力說服有古典日文素養及
翻譯經驗的黃有興先生主譯、並由筆者負責編註和潤筆的增
田福太郎於 1939 年出版的重要著作《臺灣の宗教——農村を
中心とする宗教研究》（東京：養賢堂，1939 年）；而此書
也是他於昭和 4 年（1925）渡臺從事傳統臺灣宗教調查以來，
集大成的研究結晶。只是此事進行不久，筆者即一度罹患罕
見且難癒的多發性骨髓癌；其後的數年，仍須頻繁進出醫院
進行各種手術和化學治療，才能搶回生機並苟活迄今。所以
《臺灣の宗教——農村を中心とする宗教研究》雖已初步中
譯完成，但也因此，中譯本仍遲遲未能正式出版，不無遺憾。
所以筆者此次決定於 2003 年 12 月 5 日由中研院民族所和淡
江大學歷史系合辦的「增田福太郎與臺灣研究」紀念研討會
上，先行展出此中譯自印暫定本，以稍作彌補。[5]

5　關於此一翻譯的種種過程，請參考黃有興先生更詳細和更精彩的報導論文，
　　〈增田福太郎臺灣宗教著作翻譯經驗談〉，頁 1-2。此文為中研院民族所與淡
　　江大學歷史系於 2003 年 12 月 5 日為紀念增田福太郎百歲而合辦「增田福太
　　郎與臺灣研究紀念研討會」的論文。而此處引文，為黃氏於 2003 年 11 月 3
　　日郵寄筆者的黃氏論文打字稿。

至於間接促成的第二件美事，是因筆者的論文講評人王見川先生，經筆者的介紹，也認識了黃有興先生，其後他也同樣說服了黃有興先生從事中譯增田福太郎的另一重要著作《東亞法秩序序說──民族信仰を中心として》（東京：ダイヤモンド社，1942年）；[6] 並由筆者提供增田福太郎的原〈臺灣に於ける天上聖母の崇敬と立誓事件〉一文日文抽印本、再加上增田的其他相關論文，[7] 交由臺灣省文獻委員會審查通過後，以《臺灣宗教論集》書名，於 1999 年夏正式出版。

　　而，意外的，幾乎就在同年的同一時間，由臺北古亭書屋編譯、增田福太郎原著的《東亞法秩序序說──民族信仰を中心として》一書，也加入了由郭立誠教授早年（1935）所著的〈北平東嶽廟的調查〉專文和高賢治新撰（1999 年春）的〈城隍信仰的由來〉一文；全書還附上新拍的多張相關彩色照片，並因此易名為《臺灣漢民族的司法神──城隍信仰的由來──》（臺北：眾文出版社，1999 年），正式出版。

　　但因此書非由專業人員翻譯，書中文句被節譯之處甚多，讀者參考時必須特別注意其與增田原書上的論述差異才行。最好也能同時參考前述黃有興先生的中譯本，那就無大問題了。

　　接著於隔年（2000 年），蔡錦堂教授，因撰寫「20 世紀

6　此事亦可參考黃有興，〈增田福太郎臺灣宗教著作翻譯經驗談〉，頁 1。

7　所增為增田福太郎的另外兩篇論文：（一）〈城隍爺信仰に現はれたる臺灣島民の法律思想〉，《農林經濟論考》第一輯（東京：養賢堂，1933），頁 318-340。（二）〈神社精神と社寺精神〉，《臺灣時報》第 293 號（臺北市：臺灣總督府情報部編，1941）。

臺灣歷史與人物」（國史館於 2000 年 10 月 23 日於臺北市國家圖書館漢學研究中心的國際會議廳舉行）的專文〈臺灣宗教研究先驅——增田福太郎與臺灣〉，[8] 首次以幾近全面探討的企圖心，論述了增田福太郎一生各方面重要的學術研究。這也可以說，臺灣學界對增田研究的一大突破。

但讀者須知，此文也是蔡教授繼其在 1995 年 3 月於中央圖書館臺灣分館與吳三連臺灣史料基金會主辦的「臺灣人物與歷史講座（系列二）：臺灣研究先驅人物」中，以「臺灣宗教研究先驅——丸井圭治郎、增田福太郎」為題，曾對丸井與增田作初步的介紹之後。而蔡教授當時是將兩人並列為先驅的；經五年後，則蔡教授所持的新看法則是：進一步貶抑丸井，而獨尊增田為「臺灣宗教研究先驅」。

儘管如此，不論蔡教授對丸井的《臺灣宗教調查報告書（第一卷）》（臺北市：臺灣總督府，1920 年）如何將其評為「該報告書仍停留在資料的呈現上，較少『學術研究』的

8　蔡進堂於此文前言中曾自述研究動機為：「關於增田之面貌目前仍舊停留於模糊狀態，其實增田福太郎除了對臺灣宗教下過功夫進行研究外，也於霧社事件之後直至一九三九年離臺止，對臺灣原住民族作過多次的調查，並以其原『法學者』出身的觀點，寫出不少有關原住民『原始民主制』、私法、神判等等的論文。戰後增田在日本亦有不少關於臺灣宗教與原住民的論文，部分僅屬改寫，亦有部分提出新看法，這些論文似乎較為臺灣學界所忽略。筆者前曾對增田之家屬進行訪談，並取得一些相關資料與照片，因此撰此論文，除對之前演講的初步介紹進行資料彌補外，亦僅此就教於學界先進。」其後蔡教授此文被收入胡建國主編的《20 世紀臺灣歷史與人物——第六屆中華民國史專題論文集》（新店市：國史館，2002），頁 53-80。而筆者亦徵得蔡教授的同意，將於日後出版增田福太郎的《臺灣の宗教——農村を中心とする宗教研究》中譯本時，亦納入此文。

味道存在。」而認爲「增田在臺十年當中，除仍繼續宗教調查外，亦利用其學識將臺灣的傳統宗教提升至『學術研究』階段，賦予學術學理的新生命。此乃爲何稱其爲臺灣宗教研究『先驅』的理由所在。」[9]是否爲公允之論？其全文仍不失迄今爲止，關於增田福太郎與臺灣傳統宗研究這一領域的各論文中，資料最齊全、論述最完整的高水準之作。

而筆者自拜讀蔡錦堂教授的上述大文之後，深獲啓發，其後更多次陸續用長途電話，向其請教有關此文的種種問題。

9　蔡錦堂在進行評論增田研究之前，對增田之前的臺灣傳統宗教研究業績，曾有一段評論，其內容如下：「一九一○年三月，臨時臺灣舊慣調查報告書中的《臺灣私法》（共十三冊）出版，其中第一卷下、第二卷上、及其附錄參考書裡均見有臺灣宗教關係資料，但並非經過有系統實地調查之後整理成的資料。其實根據臺灣總督府公文類纂，總督府也曾經在一九○二年（明治三五年）行文各地方官廳開始進行宗教調查，只不過此時期的調查侷限於日本本土的「教派神道」（如：天理教、黑住教、扶桑教等）、『內地佛教』（如：曹洞宗、真言宗、淨土宗等）、以及天主教、基督教等，並未涉及臺灣傳統的佛、道、儒、民間信仰等當時所謂的『在來宗教』。總督府真正開始對臺灣的宗教——特別是『在來宗教』——進行大規模的調查，是在一九一五年西來庵事件發生之後。一九一五年（大正四年）五月西來庵事件（又稱噍吧哖事件、余清芳事件）發生，由於事件與寺廟（齋堂）的宗教迷信有關，且引發大規模抗日運動，因此事件發生後，總督府即開始對臺灣的『在來宗教』進行有史以來第一次的大規模宗教調查。一九一八年全臺灣各地方廳依次提出宗教臺帳與寺廟調查書，總督府乃將這些資料匯集，委託當時擔任總督府編修官兼翻譯官的丸井圭治郎統籌編輯。一九一九年（大正八年）三月所出版的《臺灣宗教調查報告書第一卷》即是這次宗教調查的成果，這是臺灣歷史上第一本較完整且有系統的有關臺灣傳統宗教的調查報告書。增田福太郎於一九二九年（昭和四年）四月以宗教調查官的身分來臺時，即根據此宗教調查報告書之基礎，再對臺灣的宗教作進一步深入的調查與研究。」見蔡錦堂，〈臺灣宗教研究先驅者——增田福太郎〉，《二十世紀臺灣的歷史與人物》（新店市：國史館，2002），頁54-55。

並且，此次會議前，又蒙蔡教授提供多種筆者生平一直無緣拜讀的增田福太郎的其他重要著作，始能更清楚了解增田回日本後直到晚年的學術定論。因而，才開始思考以下，有關學界對增田福太郎與傳統臺灣宗教研究所作的研究史回顧及其評述爲中心的新探討。

二、研究史的回顧

（一）有關研究資料取得的困難問題

　　有關增田福太郎的傳統臺灣宗教研究的學術史回顧，如上所述，確實成果不豐。事實上，其中存在著一大困難，就是增田福太郎生平雖留下爲數不少的相關著作，但除了其在臺十年（1929-1939）所寫的，可在此地較易尋得外，自他回日本之後乃至從戰後到他逝世爲止（1939-1982）的這幾十年間所寫下的、並和前期在臺研究傳統臺灣宗教有關的大量論文和專書，可說皆在日本各處學報登載或由不同出版社出版，所以臺灣的學者若要從事研究，除非赴日本長期蒐集，否則將不易悉數獲得。

　　事實上，連增田福太郎本人，也遲至 1973 年出版其《事務相關の諸論》（東京：佐野書坊）時，才於書後附有一文〈法學五十年〉，記載其一生的完整學術目錄；其後增田本人又陸續於 1979 年夏再次加以補記，[10] 於是我們才能了解增田一

10　此處所述，是筆者根據蔡錦堂教授所贈的增田福太郎原書影本上，留有增田

生的著作和論文，合計共有 195 篇之多，故其數量是非常龐大的，要能蒐齊，自然不易；而無資料齊備，則研究論斷時，則較無把握，所以有可能會因此而遲延展開，或遲遲未能完成該項探討的時間。而此一資料上的困難，即以在臺灣各圖書館蒐藏增田一生的著作和論文而論，雖以中央研究院民族所的蒐藏為最齊全，但也只能持有其中不到一半的部分而已。

就是由於要擁有完整資料有實際上的困難，所以連日本學者三尾裕子和此地的林美容博士合作，於 1988 年主編《臺灣民間信仰研究文獻目錄》（東京：風響社）時，雖已能參考增田本人於《事務相關の諸論：附記法學五十年》上的完整目錄，但是否有悉數實際蒐全？是可持疑的。因從三尾裕子所撰寫的導言來看，[11] 她連相關資料的閱讀都尚未完成，所以在評論時，也自承將另撰文以討論其中尚未解決之疑點。

其後，在研究上有最大突破的蔡錦堂教授，當然也是由前述增田福太郎的同一本書，才找到記載其一生的完整學術目錄，甚至赴日找到增田的家人洽談，而獲致最多的資料。但從蔡錦堂教授於 2000 年發表的〈臺灣宗教研究先驅——增田福太郎與臺灣〉來看，雖於文後附有根據增田所撰〈法學五十年〉上的完整學術目錄，可是他實際到手的可能也不完整。

既然完整的資料都不易獲得，而根據以上所述，連實際

本人所寫的相關字跡而說的。

11 此一導言已於 2003 年中譯，以〈臺灣民間信仰研究——日本人的觀點〉，收入由張珣和筆者合編的《研究典範的追尋：臺灣本土宗教研究》（臺北市：南天書局），頁 279-325。

的全面探討亦未完成，所以筆者以下的研究史回顧，並不窮盡所有涉及增田福太郎有關傳統臺灣宗教研究的任何片段評述，而只就其中較具代表性的若干學者——在本文中，僅以黃得時、劉枝萬、三尾裕子和蔡錦堂共四人的評論作為探討的代表，並藉以提出筆者新近對其反思或質疑的若干意見。[12]

（二）有關黃得時教授完全忽視其成就的評論疑點試析

在戰後評論增田福太郎的傳統臺灣宗教研究的著名學者中，據筆者所見，首先應以曾活躍於戰前和戰後兩代，並曾實際參與《民俗臺灣》創刊及撰稿的，已故臺大中文研究所黃得時教授，他於1981年3月曾為片岡巖於1921年出版的《臺灣風俗誌》（臺北市：日日新報）、戰後由陳金田中譯本撰寫的長序〈光復之前的研究〉（臺北市：眾文出版社）一文，其論述對象的選擇，最堪玩味。

所以說其論述方式最堪玩味之處，是指其長文各節的標題如：（一）舊慣調查會的成就。（二）臺灣私法與蕃族調查。（三）清國行政法七冊。（四）慣習研究會與慣習記事。（五）史料編纂會的稿本。（六）片岡巖的《臺灣風俗誌》。（七）伊能嘉矩的《臺灣文化誌》。（八）鈴木清一郎的年

---

12 講評人王見川博士於2003年12月5日擔任講評時，曾提及筆者所挑選的評論對象，其中有些可能並非以研究臺灣宗教為主，所以評論時增田一生的傳統臺灣宗教研究時，因彼等尚需顧及其原主題的評論脈絡，故難免無法周延地論及其對增田與臺灣宗教研究這一相關領域的觀察意見。對此，筆者同意確有此可能，但補救的辦法，就是筆者在從事質疑或反駁時，能儘量地步對彼等不過度苛求其評論是否周延？而是儘量只就其已在學術本質上已涉及的部分，筆者才加以相關的評論。

中行事（案：其正式書名爲《臺灣舊慣冠婚葬祭與年中行事》，1934年由日日新報社發行）。（九）《民俗臺灣》的虛心求教。（十）編者和讀者打成一片。（十一）《臺灣風俗誌》的中譯本。而其中，居然完全沒有提及包括丸井圭治郎、曾景來和增田福太郎乃至後期宮本延人在內，與傳統臺灣宗教研究或調查有關的學者姓名和重要著作。爲何黃氏會如此論述呢？其論述對象的選擇理由究竟何在？

　　難道說這只是黃氏此文原完全以研究臺灣民俗爲主的學者及其重要相關著作爲對象，但我們看黃氏之文中的第（五）史料編纂會的稿本和第（七）伊能嘉矩的《臺灣文化誌》兩者，又何嘗完全符合臺灣民俗爲主的選擇標準？再者，難道黃氏是由於增田的重要著作中無許多重要的臺灣民俗觀察和探索嗎？顯然又非如此。所以其被忽視的原因，實頗堪玩味。但因撰文的黃氏已故，所以此一學術公案的實際眞相，除非日後有新資料出現，否則今後依然只能成謎。

（三）有關劉枝萬博士的相關評論及其引述的問題之檢討

　　劉枝萬博士在臺灣民間信仰的研究領域，久有盛譽，所以他曾於1995年應張炎憲博士之邀，在一場公開演講中，特別針對日本殖民時期到戰後的臺灣民間信仰作了長時期的精彩回顧；而和本文有關的一段，即是他從大正年間到昭和初期，有關臺灣民間信仰的學術研究，所作出的一些扼要評論。又因此段評論與黃得時教授的前述評論有重疊之處，故可將其與上述黃得時教授評論方式作爲對照。

　　茲將劉枝萬博士在該報告中所認爲，有關該時期臺灣間

信仰的著作及其作者的學術性質或其成就的評論意見，轉引並分述如下：

1. 劉枝萬博士認為：大正時期以丸井圭治郎的《臺灣宗教調查報告書》第一卷（1919年出版）為嚆矢；並評論其學術成就為「雖然僅刊一卷即告中斷，然因係《寺廟臺帳》初步整理之成果，記述詳實可靠，自成後世是項研究之藍本，常被援引利用；實為通論書之壓卷，獨步至今，猶無出其右者」。

2. 然後劉枝萬博士對於鈴木清一郎和曾景來兩人的研究，則認為是「承大正調查餘勢，昭和期為資彈壓，著重研究，乃自然之勢，水到渠成也」。並首先對於鈴木清一郎的著作，評之為：鈴木清一郎在1934年所出版的《臺灣舊慣冠婚葬祭與年中行事》一書，「正如其書名所示，並非宗教專書，而涉生命禮俗與歲時習俗，但以民間信仰篇幅居多，其有關寺廟記載，當出自《寺廟臺帳》，不失為一部好書」。

3. 接著劉枝萬博士對於曾景來在1938年出版的《臺灣宗教與迷信陋習》（臺北市：臺灣宗教研究會）一書，劉博士評述論調，依然以其是否引用《寺廟臺帳》為是否好書的學術標準。他也評之為：由於曾景來之書，曾「參閱《寺廟臺帳》，且附錄『臺灣寺廟總覽』」，故其書「雖然出版主旨，在於配合『皇民化運動』，破除迷信，以促進日本化，故對於民間信仰，語多貶低」，但仍「不無參考價值」。

4. 至於和本文最有相關的增田福太郎及其相關著作，則劉枝萬博士也有如下的評論：「……先是，昭和10年（1935）增田福太郎曾著《臺灣本島人之宗教》一書，因過於簡略，

所以將其增補爲《臺灣之宗教》一書，問世於昭和14年（1939）；其原始資料，大致引自《寺廟臺帳》，難能可貴；亦係泛論性精心著作，可與（丸井圭治郎的）「臺灣宗教調查報告書」，相提並論爲雙璧」。[13] 可見其所持的評論標準，還是看其能否引用《寺廟臺帳》的原始資料而定。

但，這樣的評論意見可取嗎？難道不須顧及詮釋者的分析特色及其詮釋理論體系的建構是否具有過人之處？這是可質疑的。在以下相關反思中，筆者將會再對劉枝萬博士的此一評論意見，提出個人的一些異議或批評。

而以上這些評論片段，即是劉枝萬博士於1995年，應吳三連文教基金會之邀，發表其〈臺灣民間信仰之調查研究〉報告部分片段，由莊紫蓉將其發言紀錄成文，並收入張炎憲、陳美蓉、黎中光合編的《臺灣史與臺灣史料（二）》（臺北市：吳三連臺灣史料基金會，1995），頁43-64。

此外，必須在此一提的是，劉枝萬博士曾在其享譽學界的著作《南投縣風俗志宗教篇稿》的一書中，曾未註明出處的，引用了增田福太郎在其《臺灣之宗教》一書第一章，有關「臺灣寺廟建立的三期說」的學術創見，即：（a）前部落期。（b）部落構成期。（c）新社會成立期。[14] 筆者認爲這是嚴重

13　見劉枝萬，〈臺灣民間信仰之調查研究〉，張炎憲、陳美蓉、黎中光編，《臺灣史與臺灣史料（二）》（臺北市：吳三連文教基金會，1995），頁55。

14　按：劉枝萬的臺灣漢人社會發展三期說是：第一期「初奠部落基礎」。第二期「部落構成時期」。第三期「部落發展時期」。雖名稱略異，但概念涵義相同。見氏著，《南投縣風俗志宗教篇稿》（南投市：南投縣文獻委員會，1961），頁4-5。

的學術疏失，值得改進。反之，前輩學者戴炎輝教授在其巨著《清代臺灣的鄉治》（臺北市：聯經出版社，1977年初版）的第二篇「村庄及村庄廟」時，即明白提到：「臺灣庄廟的建立，如增田福太郎亦說，當移民部落構成之初，帶有農民的色彩，始於祀五穀神之土地神（公）之廟宇的建造。」（原書頁181）。然後於原書註83條，說明係引自「增田福太郎《臺灣宗教》8頁以下」（見原書頁191）。

不僅如此，此事其後更值得稱道的學術交流經過是：增田福太郎戰後有一次曾在1967年10月於日本明城大學舉行的「法制史學會第六會大會」上發表其〈清代臺灣村落のにおける發展〉報告初稿時，遇上同一場合也擔任發表者之一的滋賀博士，而滋賀博士看了增田的論文資料之後，曾在會後提供他一些相關的補充參考資料，其中赫然就有戴炎輝早期的三篇文章：（一）是戴氏1943年發表於《臺灣文化論叢第一輯》的〈臺灣並に清代支那村の村庄び村庄廟〉一文。（二）是戴氏1962年發表於《臺灣銀行季刊》第13卷第3期的〈清代臺灣鄉莊之建立及其組織〉一文。（三）是戴氏1963年發表於《臺灣銀行季刊》第14卷第4期的〈清代臺灣鄉莊之社會的考察〉一文。

於是，增田福太郎立刻將其作爲參考文獻的續編，全文經再增補後，重新發表於《福岡大學法學論叢》第12卷第4號（1968年3月），頁385-419。並將此事詳加說明於其新論文之後，以示不掠人之美。

由此一交流例子，我們不難將以上福、戴兩人的學術交流或互爲影響的結果，綜述爲如下的學術意義，即：**兩人中，**

雖是增田福太郎倡新說在先（※因福田之書是在 1939 年出版，故早於戴氏之文 4 年），但真正的基礎建構，還是有賴後起的戴炎輝之相關研究來完成，並且於日後再回饋給增田福太郎本人作後續探討，以補充其原倡新說的不足。所以此種學術交流，符合正常學術規範的，也是使同行彼此受益、並同時嘉惠其他學者的有益之舉，故值得加以肯定。

（四）有關三尾裕子的評論問題之檢討[15]

日本學者三尾裕子與林美容博士曾於 1998 年合編《臺灣民間信仰研究文獻目錄》（東京：風響社，1998）一書，但因全書導言是由三尾裕子主筆，故此處僅以三尾裕子之評述為主。[16] 三尾裕子的評論相當周延，茲分段引述如下：

（1）三尾裕子首先提及，「增田福太郎也是從 1929 年起研究成果得以積極問世的一人。他……主要從法學觀點，考察戰前戰後臺灣、中國大陸的風俗習慣與宗教，留下龐大的論文。其論文主要刊載在前節提及的三種雜誌，[17] 還有《臺灣社會之友》、《臺灣警察時報》、《臺灣教育》、《臺灣

---

15 在三尾裕子之前，林美容博士雖於 1995 年，曾以〈臺灣民俗學史料研究〉報告，並部分涉及對增田的評論，此文後收於中央圖書館臺灣分館編《慶祝建館八十週年論文集》（臺北：中央圖書館臺灣分館，1995 年），頁 626。因林博士雖與三尾裕子合編的《臺灣民間信仰研究文獻目錄》（東京：風響社，1998）一書，但其導言是由三尾主筆，故此處僅以三尾之評述為主，而不討論林博士先前之評論。

16 三尾裕子此文，已中譯，並以篇名〈臺灣民間信仰研究──日本人觀點〉，收入由張珣、江燦騰合編的《研究典範的追尋──臺灣本土宗教研究的新視野和新思維》（臺北市：南天書局，2003）一書，頁 291-292。

17 按此三種雜誌即：《臺法月報》、《臺灣時報》、《南瀛佛教》。

農事報》、《臺灣教育》、《臺灣農事報》、《農論經濟論考》、《明治聖德紀念學會紀要》、《皇學會雜誌神性》等。其論文內容廣泛，包括有關個別神明的傳說、信仰觀念、神前裁判事件、個別寺廟的紀錄、農業與宗教、後述的宗教政策，特別是有關皇民化運動等等」。[18] 而對增田的各項研究背景和發表刊物作了一些介紹。

（2）接著三尾裕子便指出：「**以此廣泛的研究為基礎，增田展開了獨自的臺灣信仰論。主要的成果有 1937 年的《臺灣本島人之宗教》、1939 年《臺灣的宗教 —— 以農村為中心的宗教研究》**。在他的論文中，對於臺灣人宗教無法套用儒教、道教、佛教的框架，而是不基於教理或教義的各種信仰渾然成為一體。因此，他主張要研究臺灣漢人的宗教，只有進入信仰當中虛心的觀察。增田不單主張應該去除有害殖民統治的毒素，例如乩童，而且還要提倡皇道精神至上主義。但在另一方面，他也留下了頌揚之詞，讚揚『臺灣擁有東洋的各種文化財、特別是最高文化的結晶 —— 宗教。』（《臺灣本島人之宗教》頁 21）」[19] 在這些方面，三尾裕子的評論是扼要而精確的。

（3）於是根據上述理由，三尾裕子便作出了以下她對增田在臺灣宗教研究方面的學術評價，她的論斷之語是這樣的：「**增田就事實觀察、紀錄漢人宗教的實踐態度特別值得一提。**

---

18 三尾裕子，〈臺灣民間信仰研究 —— 日本人觀點〉，張珣、江燦騰編，《研究典範的追尋 —— 臺灣本土宗教研究的新視野和新思維》（臺北市：南天書局，2003），頁 291-292。

19 三尾裕子，前引書，頁 292。

他所處理的主題及臺灣漢人的全般民間信仰，詳細收錄了各地廟宇的祭典、廟會與神明的相關傳說；就這一點而言，該書是《臺灣宗教調查報告書》以來，顧及臺灣全島，並考慮到共通性與特殊性下，整理出來的利用價值高的書籍」。[20] 像這樣平實保守的評論，雖無獨到之見，但就熟悉增田學術研究概況的學者來說，也可認為大致上並無太大出入。

（4）不過，在緊接著以上的評述之後，三尾裕子又於其文中的註 12，特別補充說明：「就像在〈臺灣統治中的神性意義〉（1935）等文所見的，增田是一位皇道至上主義者，但在另一方面，如同後述般，他也反對皇民化運動做過頭。另外，他雖然也主張應該打破迷信，但也在〈臺灣最近大眾爺神前裁判事件〉（1934《明治聖德紀念學會紀要》42）一文中，就民間信仰中信賴神明審判的臺灣人觀念，比較法律體系下由人進行的審判、與前述的神明審判，認為在治理、裁決人的主體的權威性、神聖性上，人是劣於神明；因此他的考察有著種種面相。雖然也有迎合殖民統治者的地方，但是無法單以此立場全盤解釋。將另文嘗試追溯其研究。」[21]

但是，我們若將三尾裕子以上的評論全文綜觀，再重新思考，即可以發現其中仍存有諸多可議之處，實有必要於此再加商榷。以下各點即筆者個人所持的不同角度觀察和對三尾裕子之論所作的學術批評：

1. 儘管她（三尾裕子）已蒐集相當多有關增田福太郎後

20 三尾裕子，前引書，頁292。
21 三尾裕子，前引書，頁292。

期的研究著述，但她依然認為增田福太郎的學術成就，若就臺灣民間信仰的這一領域而論，仍以 1937 年增田福太郎出版的《臺灣本島人之宗教》和 1939 年出版的《臺灣的宗教——以農村為中心的宗教研究》兩書，為主要成果；並認為其是可與丸井圭治郎的《臺灣宗教調查報告書》第一卷，相提並論的高水準著作。因此，我們可以說，她雖然在此一論點的評述觀點或無瑕疵，但非獨創之論，而其所曾費心蒐集的新資料，卻在全文僅僅成了所謂漂亮的資料門面擺設而已，一點也沒派上用場！

2. 雖然她在其文的註 12 中，扼要地提及增田福太郎對臺灣民間信仰中的神判與法律的若干思考問題，但因筆者早在 1996 年所撰的〈媽祖信仰與法律裁判——以增田福太郎為中心〉一文、率先以完整專題論文方式，探討增田福太郎生平從事傳統臺灣宗教的研究中，被其極為重視的神判與法律的各項問題，而三尾裕子之文既然撰述在後，卻未提及，可見其有忽視學術行規之嫌。

3. 三尾裕子對增田福太郎受柴田廉甚深影響的關鍵之處，所知不多。舉例來說，柴田廉撰有《本島民族之神研究》（全一冊，臺北州宜蘭郡教育會 1930 年 11 月謄寫本，共 197 頁），也是被增田福太郎在參考書中唯一評為深入單一主題之「精深名著者」。我們若以此為觀察線索，來觀察增田福太郎的《臺灣的宗教——以農村為中心的宗教研究》一書，在其第二章即是以「祭神を中心とする研究」，難道是巧合嗎？當然不是，而是甚受柴田廉影響的緣故。可是從劉枝萬到三尾裕子的評論，哪有一點曾提及這些呢？

4. 此外，增田福太郎在其首部著作《臺灣本島人之宗教》中，第五章神觀的特徵之第一節「特別就媽祖與城隍爺而論」，其研究觀念也是受到柴田廉在其《臺灣同化論 —— 臺灣島民の民族心理學的研究》（臺北市：晃文館，1923）一書中，〈補說：第一、天上聖母物語；第二、城隍爺の研究〉的啓發（見原書，頁 137-176）。而有關兩者（柴田對福田）的這一點學術影響，並未被先前評論的學者所注意，包括三尾裕子在內。

5. 並且，柴田廉在前書中討論臺灣殖民與同化的可能性分析時，曾特別指出臺人受漢文化深厚影響的傳統神觀與傳統日本神觀之最大差異之處，並在其書第三章深刻分析此一神觀，即來自第一根本思想 ——「敬天」—— 以玉皇上帝作爲至上神的「帝政多神教」思想而以「孝道思想」作爲其第二順位的根本思想。所以不論其敬天或祭祖都是和此根深蒂固的傳統思想有關，也是帝王藉以統治國政根本指導原則和臺灣島民大眾深層宗教信仰的本質（見原書，頁 28-43）。

（五）增田與柴田廉之間是否有明顯學術繼承之再檢討

根據以上所述，此處似有必要將增田與柴田廉之間的學術繼承問題，再加以檢討。因筆者所提的文獻證據是，增田福太郎在柴田廉的名著《臺灣同化論 —— 臺灣島民の民族心理學的研究》出版不久後，即渡海來臺，並受命展開全島第二次宗教調查並深受其影響，於是多年後增田本人在其撰寫生平重要著作的《臺灣之宗教》一書時，我們在其書的〈序章〉的結尾處，便可看到如下的根本意見，並不難看出其與

先前柴田廉著作中主要觀點的深刻相關性。此處爲了方便讀者對照與判斷，茲將增田福太郎在其書〈序章〉結尾的觀點，再分段詳引述如下：

甲、增田福太郎先是在其書〈序章〉結尾中，先提到「臺灣人原有的宗教，是距今約二百六十年前，即明末清初以後，隨移民從華南傳來，仍承繼著華南原鄉的傳統。惟在中國，由其民族性中醞釀創造出來的宗教有儒教和道教，儒教是以孔子儒家思想爲代表；道教乃由老子的道家中心思想降格變形，與民間信仰結合而成。這裡應注意的是，儒、道兩家的思想發展過程中，儒教乃爲統治者或讀書人階層作爲道德及文學思想的傳承；道教則滲入民間信仰的行列，不重思想，轉移於實行方面，終成爲以仙術或魔（幻？）術爲主的宗教。雖佛教早在後漢時期即由西域傳入中國，但一般民眾則僅在形式上信奉而已。佛教至今在中國人心中所留下的業績，僅止於爲道教建立秩序化的外表，及刺激民間信仰開拓死後——即他界觀念的程度而已」。[22]

乙、接著他評論說，「這種訊息，在臺灣也是如此，若將臺灣人的宗教僅就形式上單純地分爲道教（Tao-kau）、儒教（Zu-kau）、佛教（Hut-kau）等，則不能完全理解其本質，而是應當全面的掌握這由道、儒、佛，三教互相混合而成的一大民間宗教。現舉三教混淆的顯例，凡稱爲『寺（Si）』本應屬於佛教，但卻有不供奉佛像，而又不住僧尼者；稱爲

22　見增田福太郎，《臺灣之宗教》，頁3；而本文此處索引的中譯文，是由黃有興先生主譯，見原書中譯本（2003，自印暫定本），頁2。

廟（Bio），或宮（Kiong）者，本應奉祀神或仙，但也有以觀音或地藏爲主神者，又僧侶之中亦有不居於寺廟而居住自宅，應人家的要求，主持祈禱或葬儀者。尤其可謂奇觀者原來僧侶應司死者之事，即葬祭；道士應司生者之事，即禁厭符咒，但某些地方葬儀卻完全委於道士，而僧侶則僅奉侍廟祀的神明，不涉及葬儀。尤奇者，在臺灣神像的開光點眼應由道士爲之，即便是佛像亦不能委由僧侶擔任，必須由道士爲之」。[23]

丙、於是，他得出如下的觀察結論，而認爲像「這樣道教、儒教、佛教淪爲一種互相混淆的民間信仰，令人不知其究爲何物。此外，本來臺灣現住民的祖先，多爲缺少統制訓練（紀律）的移民或一定時間離鄉謀生之人，因此在此島新建立的社會或文化並無堅固的基礎，從而其宗教信仰亦不具有根本的教義及教理。因此，我們眼前所見到的是其素朴信仰對象的各種大小神像與傳說及口碑相結合，雜然呈顯玉石同架的面貌」。[24]

丁、緊接著，增田開始提出他對臺灣傳統宗教的思維後他本身所將要切入的研究構思及詮釋的方法論，所以他清楚地說到，既然他本人所要「研究的對象如此，故關於研究此宗教的態度方法，不得不完全捨棄老莊哲學、儒教倫理、乃

---

23 見增田福太郎，《臺灣之宗教》，頁 3；而本文此處索引的中譯文，是由黃有興先生主譯，見原書中譯本（2003，自印暫定本），頁 2。

24 見增田福太郎，《臺灣之宗教》，頁 3-4；而本文此處索引的中譯文，是由黃有興先生主譯，見原書中譯本（2003，自印暫定本），頁 2。

至佛教教義先入爲主的觀念入手」。[25]——因而也就在他此一主要詮釋上，我們已可看出其與柴田廉觀點有明顯的逐漸接近之處，而與丸井圭治郎的所持觀點出入較大。

戊、在最後，增田本人還堅決地預告了他此後一生中奉行不渝的實證研究態度，其全文如下；「臺灣人原有宗教的研究必須從臺灣人所過的信仰生活中冷靜的觀察，換言之，其研究態度必須是實證的，對於此點我雖不敏，但一直努力而爲。」[26]

（六）增田與柴田廉之間學術繼承的綜合商榷意見之提出

1. 筆者認爲，根據以上所述的各點資料，綜合來看，我們實可以不離譜地認爲：增田來臺後，在實際從事研究思維的主軸判斷上，很顯然的，作爲後進的增田，於其接受官方委任從事第二次全島傳統宗教調查之初，主要是順著柴田廉先前的基本思維，而後才決定其日後的整個研究方向。

2. 筆者認爲，另一個明顯影響的證據就是，增田本人在繼其高峰之作的《臺灣之宗教》一書之後，於其再下一本的重要著作，即《東亞法秩序序說——民族信仰を中心として》（1942 年），也是明顯地由柴田廉在其《臺灣同化論——臺灣島民の民族心理學的研究》的先驅思想所啓發，而後才形

---

25 見增田福太郎，《臺灣之宗教》，頁 4；而本文此處索引的中譯文，是由黃有興先生主譯，見原書中譯本（2003，自印暫定本），頁 2。

26 見增田福太郎，《臺灣之宗教》，頁 4；而本文此處索引的中譯文，是由黃有興先生主譯，見原書中譯本（2003，自印暫定本），頁 2。

成其著作之論述體系的。[27]

3. 所以，當我們在思考增田福太郎對丸井與柴田之間的學術繼承時，很顯然的，就筆者個人而言，我是認為由柴田廉的影響占了絕對的上風；至於在資料的引述上，當然丸井的著作亦有被借重之處，但此點實可不必詳論，因不具關鍵性也。

4. 而筆者在此提及的，即增田來臺後對其學術研究和詮釋構思，除他原在日本所受的法學進化論及國家唯一神道觀念的既有學養之外，[28] 究竟是重新再受到他的同行前輩之柴田廉或受丸井圭治郎中何者影響為大的這點差異性？恐怕也是歷來評論者很少提及的。[29] 故筆者特於此處將其點出，並藉此就教於學界，看看是否有當？

---

27 蔡錦堂教授在其〈臺灣宗教研究先驅──增田福太郎與臺灣〉一文，也約略提到增田福太郎「他除了承繼丸井圭治郎一九一九年當時的宗教調查成果」之外，也參考了「柴田廉所編《臺北廳宗教概要》，也融入自己親自全臺實際宗教調查的結果，與在東京帝大從穗積陳重、筧克彥與加藤玄智等教授所習得的法理學、比較宗教學等知識，重譜出自己的一套臺灣宗教觀。」見前引書，頁 61。

28 此一部分非筆者所長，但非常重要。筆者推薦讀者參考蔡錦堂教授的兩篇論文，（一）〈臺灣宗教研究先驅──增田福太郎與臺灣〉。另一篇就是新撰的〈增田福太郎的寺廟與神社觀〉（2003 年 12 月初稿）。

29 三尾裕子雖然在其文中的「7.1.6 皇民化運動與臺灣的民間信仰」一節中，提到了柴田廉的《臺灣同化論──臺灣島民の民族心理學の研究》一書，也簡述了其思想，並在其後的一長串學者中，也提及增田福太郎和他的論文〈神社精神與寺廟精神〉，但完全沒有提及兩者的學術既成問題。見三尾裕子，〈臺灣民間信仰研究──日本人觀點〉，前引書，頁 295-297。

（七）有關蔡錦堂教授的評論問題之商榷

正如本文在前面已提過的，蔡錦堂教授曾於 2000 年 10 月 23 日在臺北市國家圖書館漢學研究中心的國際會議廳舉行所發表的大作，即〈臺灣宗教研究先驅——增田福太郎與臺灣〉一文，仍是迄今（2003 年 12 月初），臺灣學界對增田福太郎與臺灣宗教研究的介紹和諸論文中，「資料最齊全、論述最完整的高水準之作」。所以他的評論觀點，也是筆者此文在壓軸之處所要商榷的。茲分述如下：

1. 雖然蔡錦堂教授在其文中也提及，「增田福太郎自 1929 年來臺以迄 1939 年離開，共在臺灣約有十年之久。在他之前，⋯⋯有關臺灣傳統宗教係以**丸井所編的宗教調查報告書第一卷爲最完整，但該報告書仍停留在資料的呈現上，較少『學術研究』的味道在。而增田在臺十年當中，除仍繼續宗教調查外，亦利用其學識將臺灣的傳統宗教提升至『學術研究』階段，賦予學術學理的新生命。此乃爲何稱其爲臺灣宗教研究『先驅』的理由所在」**。[30] 因而改變了他先前於 1995 年 3 月在中央圖書館臺灣分館與吳三連臺灣史料基金會主辦的「臺灣人物與歷史講座系列二：臺灣研究先驅人物」中，以「臺灣宗教研究先驅——丸井圭治郎、增田福太郎」爲題，將丸井與增田並列爲兩大「臺灣宗教研究先驅」之高度評價。

30　見蔡錦堂，〈臺灣宗教研究先驅者——增田福太郎〉，《二十世紀臺灣的歷史與人物》（新店市：國史館，2003），頁 53。

2. 但，有關這一點的不同評價，筆者認為在學術上的意義並不大，我們實可將其視為蔡教授獨特的一家之言，而不必強求其同於學界普遍將兩者並列的多數意見。

3. 其實，筆者認為更值得注意的倒是：雖然蔡錦堂教授在此一幾乎可謂集大成之文的周延論述中，除了能擴大新資料範圍使論述主題更多、以及能注意包括柴田廉前輩學者對其研究傳統臺灣宗教的各項影響之外，並能對於筆者過去探討的神判法律問題也加以大幅度開拓和深化；在論及增田福太郎的研究時，也探討了其曾引用當時日本著名的倫理學者、文化史家和辻哲郎的「風土」的概念，對臺灣傳統宗教的生死觀之重要影響。[31] 在此同時，蔡教授也能於文中對增田福太郎研究臺灣原住民的調查與研究這一問題，首次作了相當扼要及系統的深入分析。

4. 而像以上這些優點即貢獻，無疑都是蔡錦堂教授正確示範的研究態度。

5. 因這些文本，都出在增田福太郎的《臺灣之宗教》一書後面的〈附章：中部原住民的宗教略說〉和另一篇〈附說：

31　可是，蔡教授在文中，同樣忽略了增田在此書中，所受來自德哲黑格爾在其《歷史哲學》一書中，將歷史發展與地理影響的因素結合，並強調東西方社會在歷史理性自由發展上，有東方社會屬肇始期型態而與西方近代屬成熟期之型態有異的潮流斷定；而增田在法學養成上，雖是受德國大陸法學思想的影響，但他仍主張應反對黑格爾在書中所主張的：近代的西方社會發展，是人類歷史發展潮流的歸宿之處；而他在書中，是主張東洋的自然精神和神觀才是未來的理想趨向（當然，這仍只是以其師算克彥教授所主張的、作為日本國體並成為大東亞未來共融精神的惟神道理論，所發之時論罷了！）。見增田福太郎，《臺灣之宗教》一書中〈附說：臺灣的宗教〉，頁209-213。

皇國精神與臺灣的宗教〉的論述內容，所以蔡教授將其視為同一本書的相關主題來處理，是很負責的研究態度，亦即研究者皆應如蔡教授的處理方式，才算是稱職或能被視為已盡研究者的本分了。

6. 然而，在實際上，蔡錦堂教授在上述研究的巨大成就及其論述的傑出表現之外，同樣也在文中存有一些值得商榷之點，因而頗值得我們進一步試著再向其請益。

三、有關增田作為傳統臺灣宗教研究者
　　的定位問題

但，在討論之前，仍應先再設法弄清楚：到底增田是怎樣作為傳統研究臺灣宗教的學者？或究竟我們要如何理解增田的傳統臺灣宗教研究？以作為以下討論的基準。

而如以上所述，蔡錦堂教授原先的那篇出色論文，正是激起筆者重新檢討其觀點或向其請益的最大原動力，所以筆者的思考脈絡，原應只接續該篇論文的討論而來。但在撰文之際，此種學術情況已有新的重大發展，故筆者原先所擬論述的脈絡，亦必須立刻重新跟著調整，方能符應此種最新的學術發展。

但，筆者此處所說的新發展又是何指呢？筆者指的就是此次（2003 年 12 月 5 日）於中央研究院民族所舉行的「增田福太郎與臺灣研究」紀念研討會的論文中，有兩篇頗引起筆者的強烈興趣，即法學者吳豪人教授的〈凡庸之惡——「法學者」增田福太郎和他的時代〉之文和歷史家蔡錦堂教授的

〈增田福太郎的寺廟與神社觀〉之文。因為兩者彼此在論述的觀點上幾乎又是針鋒相對，或在議論角度許多有截然不同之處，因此促使筆者重新構思：究竟增田福太郎一生是怎樣的一個學者？或要如何理解增田對傳統臺灣宗教的研究學術意義？

另一方面，這也涉及研究者對被研究者的學術角色如何定位的問題？特別是因為筆者是從事歷史學的宗教研究的，若光靠作品的文本作分析，可能會有嚴重的認識不足或出現理解偏差的問題。所以底下擬先舉筆者對增田的先行者岡松參太郎的研究，作為例證說明並點出相關的問題點，然後再回歸原有的相關討論。

其實，在 2000 年夏季畢業前，筆者於臺灣大學歷史研究所博士畢業論文〈殖民統治與宗教同化的困境——日據時期臺灣新佛教運動的轉型與頓挫〉中，已充分根據明治時期臺灣總督府的各種宗教類檔案和法令彙編以及舊慣調查時，岡松參太郎與織田萬兩博士，如何以西方法詮釋臺灣私法體系中的各項宗教法規和名詞釋義的細節問題。所以，對岡松參太郎博士實際的巨大貢獻（※ 特別是關於他在臺灣傳統宗教方面所作的現代詮釋與法律定位的部分），是有充分了解的。[32]

但是，當時岡松博士身為官方重要的法律諮詢人，其角色也是分際很清楚的，因他並非官僚系統中有實際決策的行

---

32 關於此一探討，可參考由筆者博士論文改寫出版《日據時期臺灣佛教文化發展史》（臺北市：南天書局，2001）〈第一章日本在臺殖民統治初期宗教政策與法制化的確立〉的長篇論述。頁 11-80。

政者，也非確立大日本帝國憲法宗教政策或法規的實際決策者。而他的學術業績之所以是輝煌的，是因他的整個工作涉及面夠廣所致（而宗教只是其中一小部分，且非優先或特別重要），所以他不但備受官方禮遇、經費充足、助手眾多，還可不須全勤來臺而能長期逗留在日本京都任教之處，即可遙控在臺進行的大規模調查工作。所以這是非日後的任何來臺從事宗教調查工作的學術官僚，所能比擬的特殊條件。但儘管成就的確是如此巨大（※ 本文此處單指宗教部分而論，不涉其他），卻也不應因此而反被忽視：例如他曾長期被後來的丸井圭治郎以名實不符的成就掠美，而未得應有的評價。

反之，若有研究者把增田這樣剛畢業的法學新進來臺從事經費稀少、任期不長、又助手不多的調查員，將其學術的業績（雖然也涉及法學和宗教或神道）來和岡松的整體成就相比，那將是錯比或根本不應有的學術評價之課題。

可是，筆者以上所寫的這段話，正是因先看了吳豪人教授的論文〈凡庸之惡——「法學者」增田福太郎和他的時代〉所引起的。並且，在引言中，吳教授也提到：「若將增田福太郎與岡松參太郎相提並論的話，很有可能就犯了司馬遷史記中『老子與韓非同傳』的謬誤。」[33]

其實，司馬遷之老韓同傳，是否為謬誤，似有再商榷餘地；但將岡松和增田的學術業績相比較，則不只因兩者份量實相差太大，完全無此必要，也是幾近兒戲的學術思維，才

---

33 但，吳豪人教授在其論文一開頭，就質疑增田作為殖民法學者或法人類學者的份量，認為他根本不能與名震一時的岡松參太郎相提並論。可是，學界迄今，有誰曾如此相比呢？

會如此。

　　儘管如此，在吳豪人教授的論文中，仍有幾處觀點，是值得注意的：（一）他認爲增田對臺灣民俗、習慣的研究動機，與岡松參太郎，甚或金關丈夫，都是多麼地不同。而和其師筧克彥，無限地相似。（二）增田跟岡松參太郎、柯勒這些深信進化論的「文明人」要想尋找法律起源的動機，完全風馬牛。在學術地位上，也不能與上述學者相比。（三）增田對臺灣原住民的法律或漢族宗教的著作，除卻意識型態，還算平實。但作爲公法學者，增田非常平庸；而作爲法人類學者，他也僅有記述而無分析能力。所以其戰後憔悴，身後蕭條。

　　從以上幾點中，可以看出，吳豪人教授批評的重點，是：（一）在其與岡松等公法學者的相比之後，強烈貶抑增田的法學成就或所具備的治學能力。（二）至於單就其對臺灣原住民的法律或漢族宗教的著作而言，吳教授則除了批評他的意識型態之外，認爲還算平實。但對筆者來說，增田是否如岡松或不如岡松一樣的法學者，根本不必重視，也無興趣。

　　倒是就在吳教授如此苛評的論文中，卻也讓筆者：（1）知道增田所師承的法學思想究竟屬於何種性質？（2）促使筆者必要再思考增田於治學方面的創發能力究竟如何？（3）儘管增田對臺灣原住民法律或漢族宗教的研究，被吳教授評爲只是平實可信的。[34] 但這對筆者來說，也就有很足夠根據了。

　　可是，作爲另一角度的觀察者：歷史家的蔡錦堂教授，

34　吳豪人教授，〈凡庸之惡──「法學者」增田福太郎和他的時代〉，「增田福太郎與臺灣研究紀念研討會」論文，2003 年 12 月 5 日於中央研究院民族所會議室發表。頁 1-16。

其新觀點又是如何呢？

　　筆者承蒙能在會前提前參考他的新作〈增田福太郎的寺廟與神社觀〉一文，與筆者也實際交換過意見，如今要討論的重點既又是他，自然先加以引用了。

　　在新作中，相對於法學者出身的吳豪人教授，身為歷史家的蔡錦堂教授其實也有如下的認定，他說：（1）或許以今天的學術研究水平衡量，增田當年的著作研究，已不能算是極具深度或百年不易的學理，但若以當年研究進展來說，足可稱其為「臺灣宗教研究先驅」而不為過；尤其從「自然法」的角度來理解臺灣原住民的家族與社會，是很可注意的治學方向或成果。（2）若不從與岡松等不同法學家背景的角度來了解增田，其實也可以從其家庭教育、學校教育以及個人的宗教傾向等生活史的線索，來了解增田所以尊崇天皇制與國家神道的思想背景。[35]

　　所以就蔡錦堂教授以上的這兩點論斷來說，雖與吳豪人教授的切入角度不同，但，同樣有類似共同之處，那就是：增田並未被推崇有偉大成就的學者（※ 而吳豪人特批評其法學素養平庸和缺乏分析力），僅足以視之為「臺灣宗教研究先驅」或值得其對臺灣原住民有關「自然法」的研究業績留意。但因筆者先前已曾表示：對蔡教授是增田為「臺灣宗教研究先驅」這一觀點，並無意見，所以，筆者以下所要探討的問題，就必須再轉到其他方面的學術問題去。

35　蔡錦堂，〈增田福太郎的寺廟與神社觀〉，「增田福太郎與臺灣研究紀念研討會」論文，2003 年 12 月 5 日於中央研究院民族所會議室發表。頁 1-12。

首先是，筆者個人對增田在日本殖民時期臺灣的宗教學者系譜之定位問題。

　　因筆者在新近出版《臺灣近代佛教的變革與反思──去殖民化與確立臺灣佛教主體性的新探索》（臺北市：東大圖書公司，2003）一書，已提到：

　　1. 柴田廉原是來自日本新興的左派知識份子，所以他是用宗教社會學的角度來切入臺灣現狀的觀察和分析，並認為在統治者和被統治者之間的文化特性，有許多深層的部分是無法改變的。而柴田廉的此一看法，後來亦被增田福太郎和宮本延人，所相當程度地繼承，卻不同於丸井圭治郎所持以日本佛教來同化臺灣宗教的立場。

　　2. 接者，筆者在同書中又論及丸井圭治郎的學術成就說：「丸井圭治郎的主要貢獻，除了主持宗教調查之外，又促成了『南瀛佛教會』的成立，以安排官方的御用僧侶，藉以控制；除此之外，在一般學界長期所推崇其所提出的《臺灣宗教調查報告書第一卷》，在解釋體系、概念方面，其實有近八成應是沿襲自岡松博士的原有詮釋觀點。故其主要貢獻，是在書後的統計表；但其缺失亦大，例如其原書統計表中有列入各種宗教資料，但他只注重在臺灣一般宗教的討論，而忽略西洋來臺宗教。並且岡松博士在舊慣私法中未詳處理的，丸井同樣成了逃兵。所以他的第二卷調查報告書，始終未能出版。因而，我們過去學界過於捧丸井是不當的」；至於對岡松長期被忽略的缺失，則應重新平反或大加肯定。

　　3. 所以筆者在書中論述的結語是：「來臺作第二次宗教調查報告的增田福太郎，其初期書中的傳統臺灣宗教研究，

約有近六成是引用柴田廉的調查報告，卻很少承襲丸井的部分」。[36]

四、結語：綜評增田研究上的成就、侷限與缺失

根據以上綜合所論，筆者在此將探討後的結語，共分成五點，以便分別綜評增田福太郎在傳統臺灣宗教研究上的成就、侷限與缺失：

1. 首先，就其**成就**上的業績來看，若僅以本文所討論的傳統臺灣宗教這部分來看，再除開那些他在皇民化運動時期所寫的特殊思維、但無效用的學術空論之外，則仍有如下的學術優點或出色的學術業績：（a）他（增田）首能從臺灣農民信仰的角度，以及以主神祭祀爲中心和部落三階段發展論，充分運用實地調查的田野資料和繼承原有成果，而建立起<u>有臺灣本土理論的宗教史系列著述</u>。亦即他於 1935 年至 1939 年所寫的《臺灣本島人の宗教》、《臺灣的宗教——農村を中心とする宗教研究》、以及 1942 年所寫的《東亞法秩序序說——民族信仰を中心として》三本著作。而迄今這些書仍

---

36 以上所論，可見江燦騰，《臺灣近代佛教的變革與反思——去殖民化與確立臺灣佛教主體性的新探索》（臺北市：東大圖書公司，2003），頁 334-335。而當天講評人王見川博士，在講評時，不但贊成並舉新事證，以支持筆者所論：增田與柴田廉兩者在臺灣宗教研究傳承上，有學術關聯性這一觀點。此外，吳豪人教授後來在其當天報告的終結答辯時，亦曾公開承認：在此次會議中能由筆者的報告處，獲悉以前未知的有關增田福太郎來臺後，曾在對於傳統臺灣宗教的認識和研究方面，有過深受柴田廉著作的影響一事，是其此次參與會議的重要收穫之一。

是臺灣宗教研究者所常參考或引用的資料。因此，蔡錦堂教授說他是「臺灣宗教研究的先驅」固無不可，但若認為迄今他仍可視為：曾有優異表現的傳統臺灣宗教史研究者及理論的建構者，或應更恰當。

2. 就其侷限和缺失來講，他的研究中曾忽視了許多非臺灣傳統民俗宗教的部分。例如日本在臺佛教的發展，他當時只是在調查時輕微觸及而在研究上卻是被相當忽略的。至於對在臺的西洋宗教研究而言，他也從不觸及，更不用說要其執筆撰述了。並且，儘管他很幸運能與當時精通臺灣齋教狀況的本地助手李添春合作無間，但他當時不論是關於臺灣佛教的改革運動，或對臺灣齋教的細部理解，都可說只觸及表象，而未長期下工夫去鑽研，所以得力助手李添春，充其量只是充當他田野調查時的語言翻譯，兼相關資料的提供者罷了。

3. 實際上，在其侷限和缺失的另一面，他也面臨一些很難克服的困難研究條件。例如他雖注意並首開臺灣民俗信仰中的詛咒神判和法律成效的學術研究問題，但因當時臺灣社會已非原始部落社會，所以此種問題往往是充滿了大量隨機性、商業利益和時效不確定性的，亦即此種習俗在當時只純屬相關民眾依慣習為之的私舉，既無法律效力，也與現行法律之運作無關。所以他不久就了解真相而無法再持續研究下去。最後，他才會選擇以原住民的生活材料，來從事類似的研究。可是如此一來，他與當時傳統臺灣宗教的主流發展，就逐漸產生了距離，在研究上更不利。

4. 因而，他後期所關心的，其實是較原始的部落式的狀

況，故有類似早期人類學家和結構主義者的研究傾向。[37] 此所以，現代性的都會所衍生的新興臺灣宗教現象，對他而言，除了寫一些惟神道如何如何結合臺灣的新佛教運動等之空論外，只能成了一個不相關的旁觀者，而非用心其中的研究者。而這也是後期他大大不如臺灣總督府調查官宮本延人之處。

5. 再者，類似當時臺北帝國大學助教授淡野安太郎所公開論述的現代信仰自由問題，也非其關心所在。更何況，他也不可能如日僧東海宜誠、臺僧學者高證光等到第一線去訓練「皇道佛教」的講習工作（※但宮本延人本人就實際擔任過）。因而後期（自離臺後起）他所使用的傳統臺灣宗教田野資料，往往都是早期使過的，並且頻率極高，有時更是原樣照搬而已，所以其能參考的價值，其實是很低的。

（2003/12/03）

37　增田在戰後出版的博士論文《未開社會における法の成立》（東京：佐野書房，1964），即是此種具體表現。

參

當代臺灣媽祖研究新思維：

「文化媽祖」研究的新取向

張珣

一、前言

　　人類學家 Gananath Obeyesekere 對印度女神 Pattini 的研究專書 *The Cult of the Goddess Pattini* 一直是筆者案頭上奉爲圭臬的一本著作。通過一位女神的研究，讀者可以窺探印度宗教以及文化的核心觀念與價值。媽祖是否也能反映中國文化與宗教體系的豐富意涵呢？由目前爲止的研究報告來看，媽祖大概是中國衆神明中當之無愧的。如此說來，做媽祖研究的人士是幸運的，但也是責任沉重的。筆者多年來嘗試從各層面挖掘媽祖信仰的各種面貌，到目前仍未有十分掌握。因而本文僅是階段性地整理筆者截至目前爲止的一些努力，做爲未來工作的提醒。

　　我們知道以地區來分，媽祖有大甲媽祖、北港媽祖、新港媽祖等稱號。以功能來說，有太平媽祖（西螺福興宮）、反核媽祖（貢寮仁和宮）等稱呼。筆者乃創「文化媽祖」一詞，用來說明文化人類學家以研究文化的觀點來研究媽祖信仰。當然也可以用「媽祖與文化」一詞來表明媽祖研究與文化研究之密切關係，因此，新創之詞不無標新立異之嫌，但求給讀者一個深刻印象，希望媽祖信仰之研究，可以讓我們對華人文化有某一層面之理解。同理可推，也可以有「民俗媽祖」、「社會媽祖」、「心理媽祖」等用來區分民俗學家、社會學家或心理學家等對媽祖之研究角度。當然必須學界對媽祖研究有了相當精細的分工，才能有如此微細之劃分，他日進香時，學界也可組團在不同名號下前往。

二、中國宗教的組織特性

筆者首次接觸媽祖信仰是 1985 年，參加瞿海源教授領隊的中央研究院民族學研究所宗教研究計畫的小組前往大甲，隨同香客一起到北港進香。進香途中一直縈繞於懷的是爲何西洋學者一致認爲中國人沒宗教信仰？認爲中國人沒有宗教組織？如果他們是正確的，那麼眼前這些現象如何解釋？要解決這個問題，筆者以爲首先要釐清何謂宗教？何謂宗教組織？基於人類學訓練，筆者很快可以從閱讀中，理解西洋研究中國宗教開始於傳教士或旅行家的記載，因此對於「宗教」或「宗教組織」之定義是以歐洲基督宗教（包括新舊教）爲基準。例如最常見的「宗教」的定義是要符合：(1) 有創教教主；(2) 有神學教義；(3) 有信徒入會儀式；(4) 有教會組織；(5) 有經典可以學習等等指標來確認。如此一來，「宗教組織」指的是常設的教會組織，有神職人員，有教堂，有定期活動，有固定的信徒。其中「有固定的信徒」是關鍵點。信徒必須經由一套入會儀式（受洗）才可成爲信徒，一旦加入此教會則排除其他宗教信仰之可能。因爲此一具有相當強的排他性信徒認定資格，教會對信徒之身分才能作嚴格之限制與管理，其他一切隨之而來的教義、儀式、經典的學習才能具強制性，定期活動才能有所規劃與展開，乃至培養神職人員與信徒之間的互動與忠誠感，進而達到成爲一個密切的團體（community）。如果用這其中任何一項來檢視民間信仰或媽祖信仰，大概沒有一項合格。關鍵點在於民間信仰的信徒

身分不具排他性，因而很難指認或加以固定。民間信仰不會要求信徒不去拜佛教、道教，或任何宗教的神。亦即從上述西洋定義嚴格來說民間信仰並無「純信徒」。則接下來認為民間信仰沒有組織，或認為民間信仰不是一個宗教便是可以理解的[1]。

下一步便是拋開西洋定義，另覓他途。那麼，如何理解民間信仰或大甲進香活動呢？楊慶堃的「制度宗教」與「擴散宗教」提供了筆者一個思考點。楊氏認為中國有宗教，只是它是屬於擴散式的宗教，而且其宗教組織是與社區（土地社稷神明）或親屬（家族祖先崇拜）或政治（國家祭典）或行業（行會祖師神崇拜）或教育組織（學堂祭孔）融合的，因此表面上似乎看不到宗教組織。相信當初這本書讓許多西洋人鬆了一口氣，相信中國人還是有道德操守，有他世關懷的，減輕了他們認為中國人需要被傳教的焦慮。

但是大甲進香活動有數萬人參加，如果依照楊慶堃所說，這樣一個進香團依附在什麼社會組織呢？筆者由初步的訪問得知大甲鎮瀾宮以前收丁口錢的範圍有四鄉鎮（大甲、大安、外埔、后里），亦即臺灣學者俗稱的丁口範圍或祭祀圈[2]，但是1970年代，此一丁口資格與範圍的認定已經取消，開放給任何人參加。其實即使在早期也並不排除丁口範圍外的人參加，丁口範圍內的人也並非強制性地每個人或每一戶都要參加。因此如果採取楊慶堃的說法，說進香團成員

1　詳見張珣1985。
2　祭祀圈模式的誤用與誤解筆者（2002d）有說明。

是依附在四鄉鎮的社區組織也不正確。可見進香團是一個獨立的團體，不依附在任何社會組織之上，完全是在「進香」這個純宗教目的之下組成的團體。尤其整個鎮瀾宮進香團內部一些小組織，帶有神明會性質，其成員固定，每年到進香期便聚集，負擔一項進香的小任務（鑼鼓陣、繡旗隊、大轎班等等）更是純為進香目的而未依附某種社會組織。其次楊慶堃的「依附組織」論，所指的組織多數是靜態常設的組織，並未照顧到動態活動性質的組織，如進香團這種因活動而出現的宗教組織，就未被討論，如此可用來反省楊氏理論。

　　進香活動的組織前人並非未曾注意，例如有顧頡剛的北平妙峰山碧霞元君香會，郭立誠北平東嶽廟廟會，以及 1930 至 40 年代華北進行的集體性山東廟會調查，北平廟會調查等等。但是或許是香會或廟會組織的臨時性與短暫性，易使學者忽略其為宗教組織而未進一步討論。臺灣方面，則有神明會的研究，如岡田謙、鈴木清一郎、丸井圭治郎、施振民、吳春暉等人之研究，可以幫助我們理解進香團的性質。有了這些想法之後，1987 年 2 月筆者以「隱形組織—大甲五十三庄進香活動組織剖析」[3] 為題在中研院民族所做正式報告，說明中國宗教的本質與組織型態。中國的宗教組織不僅沒有全國統一的教會，沒有嚴格的信徒角色，而且沒有固定的教會與信徒關係。信徒組織通常不是常設的，而是有宗教活動才形成的一種臨時性、目的性的組織，暫時與廟掛勾，一旦活

3　此文獲得國科會 76 年度論文獎助金，然而並未出版。

動結束即消弭於無形。即使是常設的神明會,平時亦不顯形(inactive)。廟宇本身有時更只是一個信仰象徵體,而不具實際組織權力,或有時是一個被動的代理單位,做為社區信徒意見或活動的轉運站,與資源的再分配中心。這種彈性的本質與組織型態使中國宗教活動可大可小,參加信徒可多可少,宗教機構的權力可有可無。靈活地與中國政治社會條件配合,滿足儒家強大的家族倫理信仰之下,一般人對超自然信仰之需求。1988 年 5 月《民俗曲藝》出版進香專號,筆者撰寫〈大甲鎮瀾宮進香團內部的神明會團體〉一文,目的便是闡明進香團組織的宗教性,澄清上述研究神明會的學者過於偏重神明會社會娛樂功能的一面。

1988 年 9 月中央研究院民族學研究所與太平洋基金會合辦「中國人與中國社會研討會」。筆者撰文〈臺灣民間信仰的組織—以大甲鎮鎮瀾宮進香組織為例〉,說明中國社會的組織(無論是經濟上的行會或標會,政治上的樁腳組織,秘密社會的革命組織)有一種特性,即機動靈活性。平時化整為零,需要時則可動員千軍萬馬。此種特性尤見於宗教組織。如果要用現代社會科學的調查法,實在無法做調查。因為成員平時並不定期聚會,也無固定作業地點,也不一定有固定負責人,聯絡方式是口耳相傳,吸收新會員的訊息並不公開等等特性,均使社會學的組織調查法束手無策。這種不公開化也不正式化的作法,可能正是中國社會民間組織希望達到避開政府查察的目的。

在參加了 1985 年與 1986 年兩次大甲往北港進香活動之後,得知臺灣另一個徒步進香活動是每年由苗栗縣通霄

鎮白沙屯拱天宮所舉行。1987年筆者便與留學日本大阪大學的民俗學家黃麗雲小姐一同前往參加。企圖經由淳樸的拱天宮進香與高度修飾發展的鎮瀾宮進香做對比，來找尋中國進香儀式與組織的原型。這次進香活動的紀錄便出版於臺灣大學考古人類學刊（張珣1989）。由這次進香筆者接觸到媽祖信仰並非同質的，而是具有相當強烈的地方性色彩。信徒認為白沙屯媽祖平易近人，不喜歡停駕在沿途廟宇，喜歡駐駕民居。而且她很調皮，進香行路喜歡隨興而走，因此信徒事先無法訂定路線，也無法事先安排吃住地點，可以說相當考驗信徒的腳力與信心。對比起來，信徒認為大甲媽祖是比較官府的，有威儀，有各種排場儀仗隊伍，難以親近。這種媽祖信仰與地方認同之間的微妙關係引起筆者的興趣，也開始體會涂爾幹所說「宗教信仰是社會集體共同意識的象徵表現」。這麼說來，其他的地方小神明也都具有像信徒對媽祖一般的認同感嗎？還是媽祖因為在各個社區都有廟宇，更能凸顯社區之間的對立，以及對自己社區媽祖之認同？

　　2002年3月筆者受白沙屯文史工作室之邀，為他們出版的《白沙屯媽祖徒步進香：潦過濁水溪》一書寫序，得以有機會與跟隨白沙屯媽祖進香多年的信徒聊天。感覺出來白沙屯媽祖的隨興的意涵，除了有筆者以前體會到的農村草根意涵之外，尚有一種難以言表的驕傲，隨興表示完全不受拘束，其神性更大，靈力更強，對比起大甲媽祖的神性是受到許多人為的約束與制訂。但是另一方面大甲媽祖神性很大，主要是來自其官方誥封，以及前往湄州進香所接引之神力。因而

對各地區之媽祖來說，媽祖的神力有其不同來源，這也就合法化當地信徒對自己社區媽祖之堅定信心。即使是偏僻村落之媽祖，只要她與信徒生活合一，與信徒有長期互動關係，對信徒有求能應，即能得到信徒的信仰與感情，如此一個社區媽祖信仰也就於焉形成。異於觀音信仰，或其他宗教信仰呈現的普同性來說，媽祖信仰除了有普同性的一面，更被注意的是其分歧性與地方性的一面。目前臺灣各地方媽祖信仰之所以能夠成立，甚至還可以進一步互相比較差異，互相較勁，（一般學者認為較勁的雖是媽祖與信徒互動出之個別神性，其實背後是社區居民的集體意識）是媽祖與地方居民的融合性強過其他信仰。那麼為何媽祖有此特性？便是一個待解決的問題。

三、媽祖信仰內的親屬邏輯

　　除了進香組織之外，筆者也對進香活動的目的作了一番思考。為何西方朝聖地點是固定的，而且通常是聖人顯靈之處。而大甲進香卻說是前往北港「謁祖」？有趣的是 1988 年及之後又可改往新港奉天宮進香？尤其鎮瀾宮董監事們一方面強調他們不是回娘家，一方面又說因為北港朝天宮有聖父母殿，才去謁祖。「謁祖」一詞正顯現媽祖進香不是朝見媽祖聖靈，而是朝見分身所來自的媽祖祖廟，甚至是媽祖的父母。其親屬邏輯溢於言表。有人並以清末兩岸有來往時，鎮瀾宮是往湄州進香的。究竟進香謁祖是祭拜歷史早於本廟之媽祖或祭拜媽祖的父母？無論是何者，「祖先」的觀念均隱

藏於進香目的之中，而迥異於西洋的朝聖。尤其大甲在北港朝天宮還要舉行割火儀式，將朝天宮香灰小心翼翼奉回併入鎮瀾宮香爐內。這些個充滿象徵意義的儀式如何解讀？人類學在中國親屬方面的研究給筆者一個啟示。中國家族分家時有「拈香灰」儀式，將父母家中香爐的香灰拿一些到新成立之分家，以設立一新的祖先牌位來祭祀。新舊家族之間有香灰做物質上之連結，才能一氣相通祖脈相傳。同一家人共用一個香爐，反之，共用一個香爐的人也就是同一家人。反映在媽祖信仰上，媽祖神像藉著分身，或香灰的分香來成立新的媽祖廟，同一社區的人也共享同一個媽祖廟的香爐內的香灰。香灰與香爐有其象徵上的意義，是同一群人集體意識的表現。因而有了 1986 年〈進香、刈火與朝聖宗教意涵之分析〉一文之寫作。

　　1991 年靈鷲山國際佛學研究中心與行政院大陸委員會合辦的「第一屆兩岸宗教與文化交流學術研討會」，筆者獲邀撰稿參加，題目為〈媽祖信仰在兩岸宗教交流中表現的特色〉（1992），企圖從臺灣的移民史、臺灣的海島位置、媽祖的神格、明清政權的轉換、臺灣多姓村聚落特性，以及最重要的媽祖回娘家習俗等來討論「何以媽祖在兩岸宗教交流中表現得特別活絡」。尤其集中在討論回娘家議題所開展出來的幾個面向：(1) 不同地區的媽祖與媽祖之間的擬親屬關係；(2) 媽祖與信徒之間的擬親屬關係；以及 (3) 信徒與信徒之間的擬親屬關係等，來說明媽祖廟之間為何要進香，為何要到福建湄州進香。此一論點一直埋伏在筆者思考媽祖信仰特質時的核心，後來才在 1999 年的文章有了更進一步的答案（見下

文）。

　不同地區的媽祖與媽祖之間有擬親屬關係指的是分香子廟與母廟之間有擬似人類社會親屬關係中的母子關係，因此子廟需要定期回去母廟參拜，或稱謁祖，也因而有回娘家儀式。大甲鎮瀾宮否認去北港進香是回娘家，但是卻不諱言去湄州進香是回娘家，因而認爲需要在湄州住一晚，大甲媽祖神像要放在湄州母廟的神龕上一晚，以符合回娘家習俗。另外，希望帶回湄州母廟的香灰或其他信物等，以證明二者之間的親屬關係。而媽祖廟地位平等的則互相以姊妹相稱，例如，大甲與彰化溪洲媽祖，或與西螺吳厝里媽祖之間以姊妹相稱。因此各地媽祖之間似乎有一張無形的親屬網絡，擬似人間的親屬系譜，平等地位的以兄弟姊妹相稱，上下之間則存在有類似祖輩－父輩－孫輩之關係。

　媽祖與信徒之間的擬親屬關係指的是，媽祖已經由當初湄州林氏家族的神，經由歷代皇帝賜封，而成爲全國性神明，但是仍保留有強烈女祖先的色彩，許多閩臺林氏家族仍以媽祖爲家族神，媽祖與信徒之間因而仍常帶有祖先與子孫之間的親密關係，此點非常異於其他女神，如陳靖姑。1988 年之前大甲信徒從北港朝天宮要回大甲啓程儀式中，經常會齊聲歡呼「婆啊！回家了！」，把媽祖當作自己家鄉的祖母一般。而大甲與北港之間的信徒也似乎因爲兩地媽祖的母女神緣，而有了擬親屬關係，北港信徒會稱呼大甲媽祖爲「姑婆」，似乎朝天宮是大甲媽祖的娘家，北港媽祖是大甲媽祖的母親一般，而信徒之間就如同姑表孫輩一般。因此大甲與北港兩個鎮之間也有了宗教結合帶來的其他社會關係，例如兩鎮居

民喜歡互結親家，互相交友做生意往來等。

　　信徒與信徒之間的擬親屬關係指的是，兩地信徒因為兩地媽祖母女之關係而帶有主客或高低關係。上述進香時，北港信徒招待大甲信徒居住一晚，視大甲信徒有如隨姑婆回娘家的孫輩一般，雙方之間多少帶有主客關係，或娘家與外孫之間的關係。本來大甲與北港均為「鎮」級行政區，兩地媽祖廟進香來往時信徒與信徒之間不必有任何特殊行為，但是因為兩地媽祖的擬母女關係使兩地信徒也染上擬親屬關係，大甲香客頓時矮了半截。這也是大甲鎮瀾宮廟方極思獨立之因。而同屬一地區的信徒之間，則似乎有著同一祖輩傳下來的孫輩般的親密關係，如前述，媽祖廟有如祖祠或家廟，信徒共享同一香爐中的香灰及其靈氣。

　　1989 年秋筆者以「中國宗教的本質與組織型態」為題，獲得國科會補助前往美國加州大學柏克萊校區人類學研究所攻讀博士學位。徵得指導教授，也就是中國人類學專家 Jack Potter 教授的同意，以筆者多年來收集的大甲進香資料為個案，撰寫博士論文。1993 年底獲得博士學位，論文題目為 *"Incense offering and obtaining the magical power of ch'i: The Matsu pilgrimage in Taiwan"*。論文中嘗試建立以橫跨中國文化大小傳統的觀念「氣」為中國宗教的本質。中國宗教結構以 A.Wolf 的「神、鬼、祖先」三層級[4]最被學界接受。然而筆者以為 Wolf 忽略了中國宗教非常重要的兩點：(1) 神、鬼、

4　Wolf 1974, 筆者有中譯文，見張珣譯〈神、鬼與祖先〉，《思與言》35（3）：233-292。

祖先三者可以互相轉換，其原因在於三者均爲「氣」的展現，只是陰陽成分不同而已。(2) 中國的自然界與超自然界也同以「氣」爲組成，亦即人（信徒）與神是可以互相學習影響。此二點是西方宗教學者無法體會的。以大甲進香爲例，信徒藉著進香來薰習並獲取媽祖的神氣與靈氣，媽祖也藉著信徒供奉的香與食物來增加靈氣。信徒相信黑面媽祖最靈，因爲越多信徒燒香奉祀，媽祖越被燻黑，也越有靈氣。信徒拿著進香旗與又粗又大的香枝，一路不斷點燃，將大甲媽祖，與最後目的地的北港媽祖的靈氣，最後一併接引回家，供奉在自家香爐內。沿途信徒小心翼翼保護進香旗與香枝，不使其被汙染或偷換。香客帶回家的香旗與香枝供奉在自家神龕上保佑的是全家人，而不只是香客一個人。家作爲一個整體單位，互相分享或分攤禍福之氣。組織方面，筆者也以進香組織來說明中國宗教並非沒有組織的一盤散沙，而是具有機動靈活性的「隱形組織」，與西方宗教習慣的顯形常設組織不同。

博士論文的口試委員五位，分別在中國研究、女神信仰、道教、佛教、比較宗教學方面給予筆者意見。其中「媽祖爲何名字中有媽字、祖字，是否祖先的含意大於神的含意？」的問題，筆者當時無法有圓滿的答案，便一直放在心上。的確，媽祖二字並非一般神明的名字，況且，媽祖正式名字應爲林默娘，官方名字應爲天妃或天后，但是一般信徒捨棄此些名字而稱媽祖，一定有其特殊涵意。加上回娘家儀式以及回娘家在比喻上（metaphorical）的象徵意義，更是讓媽祖信仰帶有強烈親屬倫理色彩。而比起其他

神明信仰，媽祖廟又喜歡舉行進香活動，進香又牽涉到前往哪個廟進香的考慮，若前往湄州進香也逃不開兩岸的宗教文化認同議題等等，更是讓媽祖信仰研究有許多詮釋空間。

在民族所工作的好處之一是得以接觸世界各地學者或博士班研究生。美國康乃爾大學人類學教授，也是國外研究臺灣媽祖信仰的翹楚 S. Sangren 教授的博士班學生 Elana Chipman 對媽祖信仰有興趣，2002 年夏來臺做博士論文調查，筆者忝為其在臺之指導老師。Elana 的題目是「橫跨臺灣海峽的進香：在全球化時代中的認同協調」（Pilgrimage across the Taiwan Strait: negotiating identities in the global era），其關心焦點是一方面兩岸都處於資本主義經濟與媒體的全球化過程中，一方面兩岸在政治上是分治，經濟上是獨立，而在宗教與文化上卻是同屬廣義的「華人社區」情況下，跨海進香帶來的多元認同，以及不同認同之間之協調。另外一位是耶魯大學畢業的 Pricilla Song（宋柏萱），於 2000 年秋來臺為博士班入學申請做初步調查[5]，筆者亦為其在臺指導老師。其題目是「探討當代臺灣文化認同：一個中國女神的轉型」（Exploring Taiwan's cultural identity in the contemporary era: The transformation of a Chinese goddess），其關心焦點是臺灣媽祖雖源自中國，但是臺灣媽祖有其異於中國之歷史發展。對臺灣媽祖之信仰同時即包含有多層面之認同在內。藉著跨

5　一般來說，國外人類學博士課程申請入學要件之一是，申請之前需先前往欲作博士論文田野的地點做初探調查，之後撰寫博士論文計畫書，再申請入學。P. Song 2001 年秋順利進入哈佛大學人類學研究所攻讀博士班課程。

海進香，臺灣信徒找尋超越政治國界的互信與交流。此二人均承襲了 Sangren 近年對媽祖信仰研究心得，認為在人類學來說，媽祖進香研究在知識論以及方法論上突破傳統人類學村落社區研究之限制；在性別研究上也有貢獻，在文化認同以及全球化議題上也均可以有貢獻（Sangren 2001）。

英國人類學方面對媽祖信仰也極端有興趣，2002 年秋天來臺進行博士論文田野調查的 Percy Santos 是倫敦大學政經學院 S. Feuchtwang 教授的學生，他的題目是「想像的臺灣：對地方塑造與抗拒的研究」（Imagining Taiwan: a study of place-making and resistance）。其主旨是昔日的土地公信仰是鄉民塑造地方認同的來源，進入現代化以後的臺灣，土地公信仰是否會逐漸被媽祖或佛教的佛陀等跨地方的大神信仰取代？而人們對小地方的媽祖廟與透過電視傳媒看到的全臺大媽祖廟之間是否有不同層級的認同？以及這些認同之間是否有對抗？尤其是現代傳媒的力量使得透過傳媒塑造的臺灣認同，更是一個耐人解讀的想像認同。這些新生代的國外研究生的題目相當具有挑戰性，對臺灣本地媽祖信仰研究應該有很大刺激才對。

由於筆者博士論文的口試委員中有一位道教學者所給的意見，筆者在博士論文中也關有專章討論有關媽祖的神話，媽祖的經典《天上聖母經》的不同版本，以及在《道藏》中的〈太上老君說天妃救苦靈驗經〉，而做了一些文獻上的閱讀與詮釋，以及此些文字經典對信徒的意義或作用。估計將來筆者會持續對宗教文獻、宗教文學、宗教「敘事」（narrative），其對信徒的教育意義，以及對宗教信仰傳播之

影響等方面的興趣。事實上，因為對道藏的閱讀也才引發筆者寫作〈幾種道經中對女人身體描述之初探〉（1997a）一文，因為此文與媽祖信仰無關，此處暫不贅言。但是此文已經被選為《婦女與宗教》[6]教科書中的一篇論文。

四、海內外媽祖信仰

　　為了增加對更廣範圍的媽祖信仰的了解，避免受到臺灣媽祖信仰特殊現象的限制，1996 至 97 年筆者參與中央研究院東南亞研究計畫，由宋光宇博士主持的華人宗教子題，分次前往香港、澳門、新加坡、馬來西亞華人社區探訪其天后信仰。該次計畫結束之後仍然會趁著每次出國開會或旅遊機會，順道觀察海外各地天后廟，蒐集一些初步資料。在海外媽祖寫作上，筆者的第一篇文章是〈星洲與臺灣媽祖信仰初步比較〉，發表於 1997 年 9 月朝天宮與臺灣省文獻委員會合辦的「媽祖信仰國際學術研討會」上，該次會議後來並出版論文集。文中提出新加坡與臺灣兩地媽祖信仰之差異點有二：(1)星洲媽祖廟仍由各會館支持，保持移民在大陸原鄉的祖籍分類，例如海南島媽祖（瓊洲會館）、福建媽祖（天福宮）、廣東媽祖（粵海清廟）。而臺灣媽祖已經在地化，例如區分北港、新港、大甲媽祖。(2) 臺灣媽祖廟之間盛行進香活動，更喜稱源自湄州媽祖，而爭相前往湄州進香。星洲媽祖廟則

6　由清華大學李玉珍與東華大學林美玫兩位教授合編，里仁書局 2003 年夏天出版。

相對地未如此熱中於此習俗。此一對比凸顯兩地與中國大陸原鄉之文化認同有極大差異。是否新加坡已經是名正言順政治上獨立的國家，宗教上也獨立了，不再熱中做湄州進香，各會館藉著媽祖信仰表達的祖籍情懷，是一種可以與政治清楚又安全地區分開的血緣文化認同。而相對地臺灣政治雖然實質上已經與大陸分治數十年，但是名義上尚未獨立，宗教上也就尚未獨立，仍需要藉湄州進香增強神力？只是原來無可厚非的宗教與文化認同近年常被混淆以政治認同，而徒增無謂的爭論。

　　第二、三篇有關海外媽祖信仰的文章分別是〈東南亞媽祖銘刻萃編〉（1998），以及〈海內外媽祖研究的探討與比較〉（2002b）。前者針對澳門、新加坡、馬來西亞、印尼、泰國五地華人社區已出版之銘刻書籍中，挑出媽祖廟部分，加以分地區分廟宇整理排列。臺灣因為日據以來累積有相當完整的宗教普查資料，學者研究的起步可以很快。海外多數國家並無宗教普查資料，即使有也不是針對華人信仰，因此海外華人信仰的研究幾乎是從零開始。幸而海外華人保有中國文人記錄寺廟碑文銘刻之雅興，集結起來幾乎等於一部寺廟普查書，可以作為按圖索驥之用，此為筆者編輯媽祖廟碑文之用意。第三篇文章則是仔細回顧並評論已經出版之海外媽祖研究書刊，約共四十多本，除海外部分也加上中國大陸部分，作為筆者日後田野調查前之基礎工作，也讓有志研究的同行有一份方便的參考文獻。海內外兩相比較之下，可以發現媽祖研究的質與量均以臺灣為最。大陸與海外的媽祖研究多數停留在歷史描述或寺廟普查階段，尚未進入以主題或

社會科學式的分析或詮釋的階段。整體媽祖研究的出版品共同翻閱下來，有一些題目可以進一步作比較研究，諸如媽祖信仰可分兩型：(1) 跨族群社區型，喜歡聯誼，喜歡進香分香；(2) 單個族群社區型，不喜歡聯誼活動，不舉辦進香分香等等。詳情可參考筆者文章。

五、基本文化分類概念

民族所資深研究員黃應貴先生自 1990 年代初便提出一個長期研究計畫，邀請所內同仁共同參與，大家分別自個人的田野調查中提出不同文化，或不同族群之文化分類概念的深入探討。黃應貴所提出之具有關鍵性的文化基本分類概念，依序為人觀、空間觀、時間觀，目前正在進行物觀，未來還有工作觀、因果觀等等。對於每一項文化基本分類概念來說，研究群的成員均需進行長達三年之探討：第一年輪流閱讀該項文化概念的世界各地民族誌做讀書心得報告，每個成員可以分別從閱讀中，挑選適合自己研究的方法與角度，第二年分別進行個人田野調查，收集資料，第三年撰寫個人研究論文，先在研究群內部報告，進行第一階段之批評討論，修改或補充田野資料之後，再到整個為期四天左右的大型研討會上發表，接受第二階段之批評討論，再做修改以便集結成書。三年一個項目，目前進行到第 11 年，已經出版了《人觀、意義與社會》（1993）、《空間、力與社會》（1995）、《時間、記憶與歷史》（1999），三本書均由黃應貴先生主編。2002年 6 月於東勢林場舉行「物與物質文化研討會」為期五天，

驗收成果，而於 2004 年底出版專書[7]。

筆者也因緣際會參加了 11 年。第一篇論文〈臺灣漢人收驚儀式與魂魄觀〉是以民間信仰中的收驚儀式所牽涉到的魂魄觀念，來分析漢人的人觀，因爲與媽祖研究無關，此處便不贅言。第二篇論文〈大甲媽祖進香儀式空間的階層性〉（1995c），除了以 M. Eliade 的神聖空間理論說明進香目的地之挑選，爲的是到達信仰中的世界中心點與靈力點，以便增強靈力之外，並以大甲媽祖進香中，大大小小的各種儀式，牽涉到的人際關係與社會階層高低，所進一步反映在進香目的地北港朝天宮祖廟乞火時的排階順序。排階位置越靠近北港媽祖神龕（神聖中心點，靈力來源），越能得到靈力福佑，越需要其先前深入投入廟務。投入廟務的人指的是先前能夠進入廟方董監事團體，以及獲得頭、貳、參香之團體。顯示香客已經有的社會階層與利益會加強他的宗教階層與靈力（福氣）之取得，緊接著，宗教靈力之取得又會增強他日後在社會利益之取得，這也是爲什麼政商團體喜歡參與宗教事務之原因。

第三篇論文〈香客的時間經驗與超越：以大甲媽祖進香爲例〉（1999）。本文目的在呈現宗教時間迥異於世俗時間，後者是線性的，過去、現在、未來依序發生，且不再重複，是依鐘錶時間進行活動。前者則非線性的，可以是重疊（過去現在未來重疊），或倒錯（過去到臨現在，現在回到過去）。香客在進香路途中期待媽祖降臨庇佑，或顯靈出現奇蹟，基

7　黃應貴主編，《物與物質文化》，2004 年，中央研究院民族學研究所出版。

本上是希望過去的人（已經成神）來到現在。進香的神明與其兵將穿著清代官服或勇掛，進香時間依照清代的干支記日，時辰計時，空間也以清代的地名來標示，時空上有意營運出一個過去的場景，香客好像走在一個封閉的時空隧道，與他原來的日常生活隔離，這種時間體驗是回到過去。而八天七夜單調的徒步走著，在香客主觀體驗上幾乎是進入無時間狀態。時間的計算也失去意義，僅剩下一個單純的目的：到達進香終點。

在媽祖做為一位神明來說，湄州媽祖為何靈力高過臺灣媽祖？有些信徒認為大陸文革之後，湄州新雕的媽祖歷史晚於臺灣媽祖，其靈力應該小於臺灣媽祖，有些信徒則認為湄州媽祖永遠老於臺灣媽祖，因為湄州是媽祖的成道地點。湄州媽祖是後來任何其他地方媽祖之始祖，因此永遠占有最靈之力。為何始祖的力量不是等於其他分身之力量？為何要分身神像去母廟進香？就其他宗教來說，世界各地的觀音或瑪莉亞均擁有相同之靈力，也就不需要求分身神像向母廟進香之儀式。媽祖可以分身，但是分身並沒分走母廟之靈力，分身必得一定時間回到母廟加強靈力。尤其自信徒所用詞彙來分析，「母女會」、「姊妹會」、「回娘家」、「謁祖」等等，都是充滿親屬關係的詞彙。可以說信徒是以親屬關係來比喻各地媽祖之關係。湄州媽祖可以說是第一代祖先，北港媽祖是分身，是處在第二代系譜位置，1988 年以前的大甲媽祖是處於第三代系譜位置，基隆聖安宮（奉祀大甲媽祖的分身六媽）是第四代。因此在系譜時間順序來說，任何一個廟只要是站在下一個位置，其系譜位置，輩分均低於上一個位置的

媽祖。即使物理時間來說臺灣媽祖可能早於新雕的湄州媽祖，但是就系譜時間來說湄州媽祖輩分永遠早於並高於臺灣媽祖。

第四篇論文〈交換的物質性與神聖性—以香爲例〉（2002c），在人類學中有一個長久以來就一直引人入勝的議題，即人類社會之所以能形成是與人群之間需要進行各種交換有關。各種交換指的是例如爲了交換意見而有語言系統，爲了交換食物而有經濟交易制度，爲了交換女人而制訂的婚姻親屬法則。而涂爾幹的侄兒 M.Mauss 則特別注意原始社會的禮物交換行爲。這些禮物交換，表面上看似無實際作用的一些物品，收禮人卻一定要回禮，而且是回相同之禮物或等質之禮物。Mauss 因此提出四個問題：人類社會爲什麼要送禮？爲什麼一定要回禮？爲什麼一定要回同一禮物？人爲什麼要送禮（供品、犧牲、祈禱）給神？在這個理論背景之下思考媽祖進香中常見的香的使用與象徵特別有意義。

臺灣漢人以香敬神時，香可有兩個層面之意涵：(1) 做爲通神工具，此時香不分貴賤材質，信徒只要燒香即可達到通神目的。(2) 做爲一種供品（與其他食物、鮮花、燭火同義），則信徒會在意香的貴賤好壞材質。在上述理論之下第二個意涵的香可以解讀爲是一種人給神的禮物，也需遵照送禮規矩，有送有回，形成人神之間一個互相依賴的象徵與意義的交換體系。文中筆者再分四點說明此一象徵體系：(1) 香在人神之間的交換，臺灣俗語說「人要妝、佛要扛」，神的靈驗需要信徒經常燒香、祈求、許願、還願等等動作，神才會常駐廟宇而且靈驗。(2) 香在個體信徒之間之交換，達成同屬一個社區單位之認同。(3) 香在社區與社區之間之交換，有跨越社區

並且整合不同社區的作用。(4) 香在神與神的分身之間的交換，能夠同時造成廟宇之間高低層級的差異而又協調成一體的作用。可以看到透過進香，以及進香活動中的各種分析單位（人、神、社區）之間的香的交換，將臺灣漢人社區連成一氣，構成一個信仰與文化互惠（reciprocity）的整體。

進一步的問題是為什麼是香？而不是別的供品可以達到此一作用？此問題之回答牽涉到漢人的神是什麼性質？為什麼燒香之後神才降臨？神平時在什麼地方？神、神像、廟宇三者之間有什麼關係？神、社區、信徒三者之間有什麼關係？為什麼人神需要或可以共享同一香爐內之香灰？為什麼以香燒化後的香灰來分廟？問題也可以由更廣義的角度來問，華人的宇宙觀是什麼？人、神、鬼、祖先之間的關係與轉化之機制？筆者由這一篇文章引發許多問題，逐步自先秦漢人宇宙觀文獻摸索，理解漢人用香在漢末受到印度佛教影響而有很大的意義轉變，而有初步的研究論文出版 [8]。

六、族群接觸與宗教變遷

關於黑面媽祖的探討，一般多以媽祖神像受信徒虔誠信奉燒香薰黑來說明。然而筆者接觸到討論歐洲天主教聖母瑪莉亞的論文中，是以族群接觸理論來探討，相當吸引人。在〈媽祖與女神信仰的比較研究〉（1995a）文章中筆者說明，

---

8   張珣，〈香之為物：進香儀式中香火觀念的物質基礎〉，《臺灣人類學刊》
      4(2):37-73。2006。

瑪莉亞信仰藉著羅馬國力宣揚之下，到達地中海沿岸各地，取代原有的地方信仰如農業女神、大地之母之信仰。結果經常是在原有之農業女神廟之上建起瑪莉亞廟，或原廟之神像被瑪莉亞神像取代。有趣的是原有的農業儀式或習俗，仍然保留甚至滲透入瑪莉亞信仰內。其中之一是信徒相信象徵黑色泥土的黑面女神孕育生命力，可以帶來豐收，因此瑪莉亞也被雕塑成黑面。即使損毀之後，重新雕塑的神像也得漆成黑面，表示並非長期薰黑之意，而是對黑面神像的執著。

我們在臺灣平埔族信仰變遷過程中，可以看到漢人的媽祖也被當作神力廣大的神祇，而被平埔族人接受，屏東放緣社媽祖廟、貢寮慈仁宮是已經被學者討論過的。干豆（關渡）媽祖的黑面是有名的，卻不一定與原住民族有關，而且臺灣各地仍有一些廟宣稱奉祀黑面媽祖。筆者初步查閱結果是無法區分是薰黑，或是原來就有意雕刻成黑面。貢寮慈仁宮媽祖，雖被美稱為「番仔媽」，廟中眾多小尊媽祖神像當中有黑面的，但是鎮殿媽並非黑面。因此在理論上極有意義之題目，在實際執行上卻有許多困難待解決。然而筆者近年仍然以「族群接觸和宗教改宗」的題目在進行研究中。

雖然黑面媽祖目前無法提出理論解釋，但是臺灣媽祖神像有金面、黑面、粉面、紅面四種。此些顏色區分不能以研究者所看到的為準，而必須以當地信徒宣稱的為準。例如白沙屯人喜歡說白沙屯媽祖是粉面的，金包里人喜歡說金山媽祖是金面的，信徒在說的同時其語意內有其特殊意涵，並不只是表面上媽祖神像之色彩而已。挖掘出當地人的隱藏意涵才是研究目的。粗淺地說，其差異「據說烏面媽祖是救難時

的面相，紅面媽祖是凡相，金面媽祖是表示得道面相」（魏淑貞編 1994：64），但是深層的意義仍待回答。也是未來學界要注意的方向，亦即神像面色，或戲劇中臉譜顏色等可以探究顏色在中國文化含有的意義。

七、媽祖信仰與現代社會

貢寮鄉另外一個媽祖廟仁和宮也很有名，其供奉之媽祖被稱為「反核媽」。乃是因為臺灣電力公司在貢寮鄉鹽寮地區成立核四廠[9]，1988 年貢寮鄉居民在鄉漁會成立臺灣第一個地方性反核組織「鹽寮反核自救會」。每次街頭抗爭活動均會抬出仁和宮媽祖神像遊街，並有「大家來反核，媽祖保平安」之口號，以及「貢寮人心中的海洋守護神，反核精神領袖媽祖」等之標語。加上近年臺灣大型災難如九二一地震等，一些媽祖廟之賑災活動，促使筆者探討媽祖信仰與現代社會之關係，因而以救難為切入點，考察歷來媽祖信仰中的救難形式。

正好朝天宮方面在舉辦兩次成功的國際學術研討會之後，想再繼續舉辦，而委託臺灣宗教學會合辦。筆者忝為臺灣宗教學會監事之一，在 2000 年理監事會議中，被推舉與林美容教授負責研擬會議主題與相關事項。在身兼理事長職務的林教授授權之下，筆者提出會議主題為「媽祖信仰與現代

---

9   臺電核廢料的存放，除了在蘭嶼之外，核一、二廠在臺北縣石門、三芝、金山、萬里四鄉，核三廠在恆春。

社會」，撰就會議緣起、主題說明、宗旨等，廣向各地專家學者邀稿。2001 年 5 月 26 至 28 日在朝天宮順利舉行會議，分別有來自中國大陸、日本、香港、新加坡、美國、法國等地學者共襄盛舉。會議論文共 22 篇，通過審查後，由蔡相煇、林美容與筆者三人的共同編輯下出版。

　　會中筆者以〈從媽祖的救難論述看媽祖信仰的變遷〉（2003b）一文討論：(1) 從早期媽祖必須現形，有形地搭救「施琅入廟，見天妃神像臉汗未乾，衣袍俱濕」，到近年媽祖只是一種信仰象徵，以與政府對抗，顯見處於現代社會的信徒對宗教的看法已經改變。(2) 早期搭救有名有姓的官員或皇帝，近年拯救的可以是無名無姓的小民，一個集體社區，或草木動物的環境保護，顯見信徒對生命的看法已經改變。(3) 早期救難信徒要呼請媽祖，現在媽祖廟主動出外舉辦社會服務、文化活動、協助賑災等，顯見現代廟宇企業管理經營理念的改變。(4) 受到佛教盛行之影響，臺灣媽祖信仰有從社區主義到普世主義發展的傾向，鎮瀾宮在九二一賑災時提出「慈悲救世」精神指導，並進一步成立全臺媽祖聯誼會，效法慈濟功德會的賑災方式。(5) 媽祖信仰傳統上偏向與政府或官方同一立場（施琅克臺），近年臺灣媽祖信仰發展成為民間與政府抗衡（兩岸直航議題）或反對（反對建立核能發電廠）的精神象徵。

　　這一篇文章對筆者來說有一些特別的意義。首先是心態上，文章不是只寫給學界看的，而是針對廟宇人員、信徒、以及地方文史工作者，因此在行文中筆者特別注意信仰的重要性，認為此篇文章可能被賦予社會教育含意，而不只是一

篇學術論文。其次是資料上，筆者首次採用大批文字「敘述」
（narrative），而非人類學要求以個人田野材料做推論。如此
一來能夠不受限於個人田野，而可以廣泛地討論普遍的媽祖
信仰現象。由此可知一個學科對學者的限制，尤其在學術單
位撰寫學術論文更是得遵守學科分際。這個表白可以讓一些
朋友多少理解爲何筆者向來著述保守單調，既不替廟方也不
替信徒爭取立場。

　　人類學要求研究者超然於田野中的各種人事，以保有中
立客觀角度，對於一個從事標準「異文化」研究的人類學者
來說，此點比較可以遵守，但是對於一個研究「己文化」的
人類學者來說，常被責怪爲不盡人情。如果太參與田野事物
有時又被某派人威脅，或被歸類爲某一派人。一旦被歸類之
後影響以後的研究之苦，實非外人可道。也正如「人類學與
漢人宗教研究研討會」（詳下文）會議中李豐楙教授提出的
兩難：人類學家研究宗教若非教徒，如何能取得內部資料？
若是教徒，他日如何再研究其他教派或宗教？

　　雖然人類學家的學科倫理要求勿涉入田野當地人利害糾
紛中，人類學訓練課程中，卻也要求研究者需對田野民眾有
回饋。筆者曾應鎮瀾宮董振雄先生之邀，爲廟方印送給信徒
的沿革撰寫「遶境進香」小文。因緣際會又於 2001 年 5 月爲
金山鄉金包里堡文史工作室的劉嘉仁先生撰寫的《金包里媽
祖》寫序，以及 2002 年爲白沙屯田野工作室的洪建華、吳文
翠的《白沙屯媽祖徒步進香：潦過濁水溪》寫序。筆者以爲
臺灣媽祖信仰水準之提升，研究風氣之盛行，應該與三群人
有關，(1) 廟方行政人員，(2) 民間學者（包括國中小學教師

與近年之文史工作室人員），以及 (3) 學術單位學者。學者可以純爲學理而努力，廟宇行政人員可以爲廟方爭取發言權，地方學者則以發掘地方特色、社區歷史、風土民情而用心，三者可以互補，但是不能互相取代，各有其重要性。

八、移民與社區研究的反省

〈分香與進香〉（1995d）一文，筆者說明宗教儀式上的分香與進香是指神明靈力之分身，以及分身神必須定期回到祖廟進香，外顯在人群社團的社會關係的則是原鄉父老與移民之間的分出與定期回到原鄉探親。宗教與社會成爲一組比喻關係（metaphorical relation）。再一次的我們看到中國宗教的神與人有許多類似的活動，亦即分身神要定期回娘家（祖廟），移民也要定期回娘家（原鄉）。強調人神均要飲水思源，要回源頭充電。更有意義的是移民不是空手回原鄉，而是在伴隨分身神回祖廟的儀式之下，人也進行回原鄉之活動。因而神的進香與人的回家鄉合一，人神同出一源頭。這就是我們在大甲進香中的一個移民團體看到的情形。

基隆聖安宮是由一群大甲移往基隆的鄉親們建立的大甲媽祖分廟。建廟原因非常具有理論意涵。1958 年，住在基隆仙洞地區的大甲移民因爲多年來工作傷害事件層出不窮，祈求基隆媽祖保佑不果，相信應該由家鄉媽祖保佑才有力，因而於 3 月組團前往大甲進香。5 月迎回大甲媽祖分身「六媽」供奉，聖靈庇佑，移民個個平安，工作順利。10 月徵得鎮瀾宮同意，讓六媽永遠分駐基隆。自此移民年年隨同聖安宮六

媽回鎮瀾宮進香。

　　具有理論意涵的問題是為什麼基隆慶安宮媽祖無法保佑大甲移民？為什麼大甲移民需要大甲媽祖才能感應保佑？再一次提醒我們神明、廟宇、社區，與居民之間有共同生命連帶。在親屬邏輯上「同居共食的一群人」是有親屬關係的。同住在一個屋簷下的是同一家人，共食一位母親的奶的是同胞兄弟姊妹，共食一口灶煮出來的水與食物的是同一家人。在一個社區廟宇來說，神明有如整個社區所有居民的共同祖先，廟宇有如社區的具像化，神明在廟中的香爐有如居民共食的一口灶，居民個個插香（生食）餵食神明，而神明回饋香灰（熟食），餵食給居民，人神同食一口灶，是一家人。同一家人，血脈相連，生氣才相通。因此大甲移民需要大甲媽祖才能感應，基隆媽祖愛莫能助。

　　因為有這種親屬邏輯在媽祖信仰的深層作用著，致使媽祖信仰帶有很強的地區主義的色彩。不只要分大甲媽、基隆媽（鄉鎮層級的區分），甚至小至同樣鹿耳門媽祖，還要再依照村里劃分為顯宮里與土城子兩個（村里層級的區分）。大至臺灣媽祖要與大陸媽祖區分（國家層級的區分）。地區主義應該是家族主義的擴大，其基本原理相同。華人的「家」概念可大可小，小至核心家庭，大致四海一家人。

　　但是為什麼是媽祖？這個問題除開媽祖信仰在臺灣有其特殊歷史與地緣背景之外，還需要在深層因素上探討，因為其他神明也有分香進香活動（例如保生大帝），也有地區主義色彩（例如土地公），然而均不及媽祖信仰熱鬧，值得再進一步研究。

由上文我們知道龐大的大甲進香信徒號稱十萬人左右，其來源不是只有來自大甲鄉本身，大甲鄉總人口約 7 萬人，加上原有大甲媽祖轄區的大安鄉、後埔鄉、后里鄉信徒之外，其實許多是大甲移民在全省各地集結各地朋友組團參與。例如上述住在基隆的大甲移民建立的聖安宮，以及住在臺北縣市的大甲移民建立的聖鳳宮，住在大臺中地區的大甲媽祖信徒組成的「臺中天上聖母會」，豐原地區信徒組成的「慈航天上聖母會」，屏東地區信徒建立的慈聖宮等等。這些團體或分香廟以大甲移民為核心，加上當地信徒共同組成，年年回大甲隨同大甲媽祖往新港進香。因此名稱上的大甲進香團，其實信徒來自全省，已經打破原有大甲媽祖轄區的範圍，成為全島開放性的進香活動。因此當民族所 2000 年 11 月舉辦跨世紀臺灣人類學的展望學術研討會「社群研究的省思」時，筆者便撰寫〈大甲社區的研究—以媽祖進香活動為例〉（2002a）。文中反省傳統人類學標榜的社區研究，在現代社會，尤其臺灣幾乎是不夠用的。一來臺灣的城鄉差別不大，分界不是截然二分，二來現代化以後的社會，因為居住或工作關係，流動人口與移民現象幾乎不可避免。僅限制在傳統村落做封閉式的研究，無法掌握村落外面廣大社會對村落社會文化的衝擊，例如往外移民的人口回鄉時對村落帶來的刺激。筆者即以大甲進香活動為例，說明移民對進香儀式、進香規矩帶來的貢獻與改變。由於論文所限，否則其他社會行為，如移民帶回的經濟、政治、教育各方面影響均是眾所矚目的。此為島內小範圍的移民，如果擴大來看，北港媽祖在美國加州舊金山市成立的分廟與祖廟關係即

可討論全球化議題。[10]

　　這樣的反省不只是在方法論層面很重要，在理論層面也很重要。移民現象的討論可以進一步反省舊有祭祀圈理論的限制。2001年10月，筆者受任職單位民族所所長的指示，主辦「人類學與漢人宗教研究」研討會，邀請學界各學科從事臺灣漢人宗教研究之學者共同檢討人類學宗教研究之利弊。筆者自己以〈祭祀圈研究的反省與後祭祀圈時代的來臨〉（2002d）一文進行檢討。臺灣祭祀圈理論最早由日本學者岡田謙，1930年代在臺北士林地區調查時提出，認為祖籍群居住範圍與宗教信仰界線相吻合，二者可以互相檢驗。1970年代中央研究院執行濁水大肚流域綜合研究計畫時，許嘉明、施振民以祭祀圈說明臺灣移墾地區組合人群之團結力量來源，以與華南移墾地區以宗族為團結力量來源做對比討論。遺憾的是臺海兩岸相隔，無法做進一步檢驗，究竟祭祀圈現象是否為臺灣特產？加上許、施二人未能繼續相關研究，無法進一步說明祭祀圈與宗族理論在中國社會結構研究之關係是互斥，或加碼，或其他關係。1980年代末，林美容在一篇文章中，詳細地畫出草屯鎮土地公及其他不同層級祭祀圈（林美容1986）。此文一出，對臺灣民間信仰研究者之影響之大超乎任何人之想像。一時之間，蔚為風潮。人人競相在臺灣各地區劃出大大小小的祭祀圈，而不深思所劃祭祀圈目的為何。無論是岡田謙或許、施二人之研究目的均無人聞問，造成一

10　全球化研究、移民研究、難民研究等均牽涉到封閉區域疆界的打破，是近年新的社會科學議題。

個寺廟祭祀圈的歷史原因也無人有興趣，多數人是將祭祀圈當作不證自明的概念，而僅以同時限（synchronic）的平面圖來顯示所調查寺廟之勢力範圍而已。

但是也因為易於操作與調查，成為民間信仰研究主流，累積豐富調查報告，而引起國際間之熱烈討論與質疑。首先，日本學者發現臺灣學者所用之祭祀圈，其實並非岡田謙，或日本學者觀念內之祭祀圈（木內裕子 1987），大陸學者接著修正祭祀圈並非臺灣特產，也非民間自主的組織，而是明清以來國家頒行的地方行政制度影響下之產物（鄭振滿 1997）。在釐清祭祀圈研究的同時，另一研究風氣也正在形成，英文 de-territorialism，「去地區主義」，著重在中央與地方二者之互動（如鄉紳處於上情下達，下情上達之轉介），或者地方與地方之間多元之互動（如打破地區疆界的進香活動，見 Sangren 2001），或者現代資本主義、傳播媒介帶來的宗教活動的去地區性（如前述臺灣前往湄州進行跨國進香，經由媒體全程轉播，電視螢幕所帶給兩岸民眾的衝擊，見楊美惠 Mayfair Yang 2004）等等。

九、儀式的力量

人類學與民俗學的差異之一是前者做研究時的理論意涵是不可少的，資料的收集與分析幾乎是沿著理論脈絡進行的。而民俗學調查的重點在恢復、記錄、或保存民俗傳統或現象本身，理論不被重視。其實兩門學問均很重要。筆者曾經提及理論主導式的研究有其優點，也有其缺點（張珣 1997d）。

儀式理論是近年人類學研究宗教的主流理論，不可避免地，筆者必須熟悉此理論，並以之分析所觀察之宗教現象。

1960 年代以後人類學與宗教學方面蔚起一陣「儀式研究」之風潮。人類學裡所謂的儀式理論大抵以 Victor Turner、Clifford Geertz 的象徵理論（symbolism）為開始，也以二人之理論為主流。其重點有：(1) 始於人類學內部長期以來對傳統帶有基督教色彩的「宗教」定義之反省，矯正以往重視思想信仰層面，忽視行為儀式層面的宗教研究，「宗教」一詞逐漸由「儀式」一詞取代。「儀式」含括所有宗教－巫術之內容，且進而取消「宗教－巫術」、「信仰－儀式」之二元對比的偏見。(2) 矯正人類學內部自進化論、傳播論與功能論以來，過度強調社會決定宗教形式之論點，轉而強調宗教與象徵自成一套內在完整體系，不必找尋其對應之外在社會事物。(3) 宗教不但不是由社會決定，宗教反而是解放社會衝突與壓力的出口，因而提倡宗教儀式可以解讀出社會矛盾，而且宗教象徵蘊含文化價值、範疇、理念乃至情緒嗜好，而能用來理解深層文化觀念。

雖然正式標榜「儀式研究」（ritual studies）的標籤，是由宗教學者 Ronald Grimes 於 1977 年美國宗教學會年會上提出。但是擅長以非西方社會的宗教來反省西方宗教研究的人類學家，有著長久的理論傳統加上廣泛的民族誌調查，才是領導儀式理論與儀式研究之主要學者。

在人類學者多種儀式研究議題中，「儀式為何有力量改變現實衝突」是相當重要的一個議題。大甲進香活動的終點由北港改為新港，筆者一直無法找到合適的理論詮釋。一直

到移民團體組成的搶香團體長久以來由默默無名到 1980 年代末浮上檯面，甚至與鎮瀾宮董監事團體相抗衡平起平坐之後，筆者才發現一個解釋線索。原來鎮瀾宮的大甲媽祖轄區範圍（五十三庄）已經崩潰，卻因為廟方行政團體領導有方，轉型成功，由區域性的管理委員會，轉型為企業經營式的財團法人組織，將進香活動轉型為全島信徒皆可參加的開放性活動，提升其為全島性的文化活動而非鄉鎮層級的廟會活動，而使大甲進香成為全島甚至全球有名的宗教活動。中間一個關鍵點是藉著大甲在全省各地的移民，糾集各個當地信徒共同往大甲參加活動。無論在財力方面，在人力方面，在組織方面，在宣傳方面，均起了推展、擴散、輻射之作用，帶動了全臺媽祖信徒之注意與參與。

然而五十三庄的勢力範圍與全臺性的勢力範圍之間有很大衝突，首先，冒犯了臺灣其他老大媽祖廟之排行資格問題，其次，移民團體與董監事團體之間也有很大的立場上或諸種考慮之矛盾，農民性格的廟會活動與工商政治人士參與的文化活動之間也有衝突，本地鄉土菁英與全臺高層文化菁英之間的認知也有衝突，諸種矛盾藉著媽祖信仰中的「系譜位置移動」而詭譎地得到解決。鎮瀾宮先去湄州直接謁祖，迎回湄州媽祖分身，取得新的系譜上的排行位置，便可以理直氣壯地宣稱與北港在系譜上處於平等位置，便可以不去北港進香。挾著新的湄州媽祖分身便可以是全臺首位，而能轉去新港遶境，給予其全臺領導地位一個合法理由，正當化其擁有全臺信徒之地位。

因此 1988 年及以後的大甲進香儀式，表面上僅是一個改

變目的地的儀式，其實深層意義是取得新的地位，一個企圖領導全臺的地位[11]。藉著儀式的年年進行，底下的轄區衝突，以及不同人群或團體的衝突或矛盾，也逐漸搓挪調整。近年大甲進香已經躍上國際舞臺，我們不得不承認它的轉型確實成功了，儀式成為一個重新界定世俗領域轄區的機制。

上述有關象徵理論、儀式研究以及大甲進香儀式轉變的力量，筆者先以〈儀式的力量—Victor Turner 與大甲進香〉為題，在民族所 1994 年 12 月做例行的週一演講，之後再修改得更為完善，題目為〈儀式與社會—大甲媽祖祭祀範圍的擴大與變遷〉（2003a），發表於 2000 年 6 月中央研究院舉辦的第三屆國際漢學會議。

以往人類學受笛卡爾身—心二元概念影響，假設人類的身體是自然所給，所以是相同的，文化是心靈創造的，所以是不同的，而有優劣野蠻文明排比。因而得出「身與心；自然與文化；共同性與差異性」的類比，人類學職志是研究文化差異，因此身體的研究幾乎從來不做。但是在哲學界的 M. Merleau-Ponty、M. Foucault，人類學的 M. Mauss 等人著作開發之下，80 年代以後人類學界也興起一股反省身心二元對立之風，「身體人類學」的研究被提出，主張身體不但是文化的媒介，身體也是文化的隱喻，因而身體的研究在理解文化時是不可或缺的。儀式研究受到身體研究的衝擊，也更注意到儀式行為中儀式專家的身體展演、肢體動作、方位步伐

11　果不其然，2001 年底鎮瀾宮又魄力十足地讓大甲媽祖代表臺灣到澳門成立分廟。

的走場效果，唱腔聲調的控制效果等。另外，儀式行為的參與人、信徒，或觀眾等，他們的個別身體感受，在視覺、嗅覺、味覺、音覺、觸覺等等，開始有了研究上的意義。在探討儀式的力量時，以往重視儀式中的觀念或教義的探討，現在則發現身體的感受與參與具有很大作用。此一方面研究仍以 Victor Turner 為先鋒，他挖掘儀式與戲劇之間的許多共同性質，以及二者大量使用象徵手法，與其所產生的作用與效力等。

筆者多年來觀察民間信仰的儀式心得是，Victor Turner沒有提到：(1) 儀式有戲劇所缺乏的，那就是信仰的力量，(2) 儀式中間也有「玩假的」成分。促使筆者閱讀遊戲方面的論文，認為儀式和遊戲均是讓身體暴露於一種虛擬狀態，藉著所有參與人共同合意營造出的另一個世界，讓心靈也跟著起了作用，而達到改變現存世界的滿足。無論是小孩子玩的辦家家酒，或大人玩的足球遊戲，均可以體會到身體在儀式進行中的作用。

十、結論

媽祖這位女神歷經宋、元、明、清各朝文人的塑造，女神的家世、封號、能力一一被增演出來。二十一世紀的今天，不但絲毫不減其信仰威力，反而新的詮釋，新的神話，與新的傳說仍然不斷地被創造出來並多方傳頌。回顧在歷史時期，媽祖信仰隨著福建移民散布到華南、華北、臺灣、南洋各地。現在則隨著臺灣新移民又傳布到美洲、歐洲等世界各地，甚

至近年隨著大量的臺灣香客的進香，又傳回福建與湄州島本地。是否由進香的宗教與文化交流，會帶來後續的經濟政治交流？是否由進香的通航會帶來後續的更大範圍的兩岸的三通呢？媽祖能夠引起全面性社會文化的震撼，以及普遍海內外華人的共鳴，應該與其蘊含中華文化理念有關。文化理念可以是淺顯易懂的，如「教忠教孝」是一般信徒可以琅琅上口的，也可以是神秘的，如認為媽祖進香是代表靈氣或福氣（替社會秩序加上富有文化色彩的象徵語詞）的傳遞，人生幸福的追求等等。筆者則提出文化理念也可以是一種親屬邏輯的展現。「慎終追遠、飲水思源」的文化理念其實均是一種親屬邏輯的外現。媽祖信仰中盛行並強調的分香制度，應該是親屬邏輯中往下擴展延伸，開枝散葉的表現，而進香制度則是親屬邏輯中往上追尋定位，謁祖尋根的表現，一上一下，一開一闔，一伸一縮，親屬的階序於焉確立。

根據媽祖的身世，媽祖並未結婚，但是「回娘家」的儀式，人人易懂，藉著回娘家將許多不同社區連成虛擬的親屬關係。藉著回到中心點的媽祖廟（無論是北港或湄州），全臺灣，甚至全中國的媽祖信徒，甚至非信徒（透過媒體報導）也連成一個信仰以及文化的網絡體系。「媽祖」的名字，雖非任何人的「媽」或「祖」，但是人人易懂，藉著這個名字將每位信徒連成虛擬的親屬關係。中國人喜歡攀親搭戚，常常說海內外一家親，透過一位虛擬的親屬神明似乎真的實踐了這個理想。但是千萬別忽略，親屬網絡中有合的部分，也有分的部分。兄弟分家，父子分家是家族必經過程。整體的媽祖信仰內部也呈現有各地區差異的發展，也有個別認同，

整體與個別社區之間二者是不相排斥的。

　　媽祖信仰的研究相信還有很多發展空間，其他學門的探討會提供更多的思考可能，此文僅是筆者個人目前心得，自認還有進一步修正與推展的地方，貿然提出只是做一個階段性的整理，希望同好藉此彼此互相切磋。

參考書目

1. 木內裕子：1987〈廟宇活動與地方社區：以屏東縣琉球鄉漁民社會爲例〉，《思與言》25(3)：257-272。

2. 林美容：1986〈由祭祀圈來看草屯鎮的地方組織〉，《中央研究院民族學研究所集刊》62：53-114。南港：中研院民族所。

3. 吳文翠主編：2001《白沙屯媽祖徒步進香：潦過濁水溪》。白沙屯田野工作室。

4. 張珣：1985〈臺灣不同宗教的信徒與組織之比較研究〉，《臺大社會學刊》17:15-44。

5. 張珣：1986〈進香、割香與朝聖宗教意涵之分析〉，《人類與文化》22:46-54。

6. 張珣：1988a〈大甲鎮瀾宮進香團內部的神明會團體〉，《民俗曲藝》53:47-64。

7. 張珣：1988b〈臺灣民間信仰的組織——以大甲鎮瀾宮進香組織爲例〉，「中國人與中國社會研討會」論文，頁

1-14。南港：中研院民族所。（未出版）

8. 張珣：1989〈白沙屯拱天宮進香活動與組織〉，《臺大考古人類學刊》46:154-178。

9. 張珣：1992〈媽祖信仰在兩岸宗教交流中表現的特色〉，《兩岸宗教現況與展望》，頁263-295。臺北：學生書局。

10. 張珣：1993a〈臺灣漢人收驚儀式與魂魄觀〉，黃應貴主編《人觀、意義與社會》，頁207-231。臺北：中央研究院民族學研究所。

11. 張　珣：1993b"Incense-Offering and Obtaining the Magical Power of Chi': The Matsu (Heavenly Mother) Pilgrimage in Taiwan."，美國柏克萊加州大學人類學系博士論文（未出版）。

12. 張珣：1995a〈媽祖信仰與女神崇拜的比較研究〉，《中研院民族所集刊》79：185-203。南港：中研院民族所。

13. 張珣：1995b〈臺灣的媽祖信仰—研究回顧〉，《新史學》6(4)：89-126。

14. 張珣：1995c〈大甲媽祖進香儀式空間的階層性〉，黃應貴主編《空間、力與社會》，頁351-390。南港：中研院民族所。

15. 張珣：1995d〈分香與進香：媽祖信仰與人群的結合〉，《思與言》33(4)：83-106。

16. 張珣：1996〈光復後臺灣人類學漢人宗教研究之回顧〉，《中研院民族所集刊》81：163-215。南港：中研院民族所。

17. 張珣：1997a〈幾種道經中對女人身體描述之初探〉，李豐楙、朱榮貴主編《性別、神格與臺灣宗教論述》，頁

23-47。南港：中研院文哲所籌備處出版。

18. 張珣：1997b〈湄州媽祖權威的理論反省〉，《兩岸文教交流簡訊》6:6-8。臺北：中華發展基金委員會，行政院大陸委員會。

19. 張珣：1997c〈新加波與臺灣媽祖信仰初步比較〉，《媽祖信仰國際學術研討會論文集》，頁169-187。南投：臺灣省文獻會與北港朝天宮合印。

20. 張珣：1997d〈百年來臺灣漢人宗教研究的人類學回顧〉，黃富三主編《臺灣史研究一百年：回顧與研究》，頁215-256。南港：中研院臺史所籌備處。

21. 張珣：1998〈東南亞媽祖銘刻萃編〉，《東南亞區域研究通訊》5：3-50，中研院東南亞研究計劃。

22. 張珣：1999〈香客的時間經驗與超越：以大甲進香為例〉，黃應貴主編《時間、歷史與記憶》，頁75-126。南港：中研院民族所。

23. 張珣：2002a〈大甲社區的研究—以媽祖進香活動為例〉，《「社群」研究的省思》，頁265-302。南港：中研院民族所。

24. 張珣：2002b〈海內外媽祖研究的探討與比較〉，張存武、湯熙勇主編，《海外華族研究論集》第三卷，頁181-205。臺北：華僑協會總會出版。

25. 張珣：2002c〈交換的物質面與神聖面—以香為例〉，「物與物質文化學術研討會」論文。南港：中研院民族所。

26. 張珣：2002d〈祭祀圈研究的反省與後祭祀圈時代的來臨〉，《臺灣大學考古人類學刊》58：78-111。

27. 張珣：2003a〈儀式與社會：大甲媽祖轄區之擴展與變遷〉，

林美容主編《信仰儀式與社會》，頁 297-338。南港：中研院民族所。

28. 張珣：2003b〈從媽祖的救難論述看媽祖信仰的變遷〉，林美容、張珣主編《媽祖信仰的發展與變遷》，頁 169-192。北港：朝天宮。

29. 張珣：2006〈香之爲物：進香儀式中香火觀念的物質基礎〉，《臺灣人類學刊》4(2):37-73。

30. 黃應貴：2004《物與物質文化》，中研院民族所出版。

31. 鄭振滿：1997〈神廟祭典與社區空間秩序：莆田江口平原的例證〉，王斯福等主編《鄉土社會的秩序、公正與權威》，頁 171-204。北京：中國法政大學。

32. （財團法人）臺中縣大甲鎮瀾宮編：1990《大甲鎮瀾宮》，（財團法人）臺中縣大甲鎮瀾宮出版。

33. 劉嘉仁：2001《金包里媽祖》，臺北縣鄉土文化協會。

34. 魏淑貞：1994《臺灣廟宇文化大系 (二) 天上聖母卷》，自立晚報社文化出版部。

35. Obeyesekere, Gananath：1984 *The Cult of Goddess Pattini*，The University of Chicago Press.

36. Sangren, Steven：2001 "American Anthropology and the Study of Mazu Worship" paper presented at the International Conference on Mazo Cult and Mondern Society, Yunlin, Taiwan.

37. Yang, Mayfair：2001 "Goddess across the Taiwan Straits：Matrifocal Ritual Space, Nation State, and Satellite Television Footprint", Material Culture 16(2):209-238.

肆

現代人類學視野下的新透視：

從當代媽祖的救難敘述看媽祖信仰的現代變遷[1]

張珣

許多人類學家與戲劇、文學、精神分析學等等學者合作，並吸取他們的經驗來研究宗教現象、儀式與神話。認爲理性客觀的分析的同時，意義的詮釋（interpretation）與再現（representation）也是很重要的。

而詮釋與再現就會涉及到研究者與被研究者雙方雙重的主觀經驗與推測想像的成分。在寫作手法上，一些人類學家認爲採用「敘述」（narrative）會比以前所用的客觀研究報告（reprot）或論文（thesis）更適合。

因爲不但可以呈現實證的行爲紀錄，而且可將作者與被研究者在互動過程中的經驗與反思描述出來。人類學家發現尤其在宗教行爲的研究上比在經濟或政治行爲的研究上更需要多種寫作空間。

不但人類學家本身在寫作上需要更多可能的手法，在採用田野中的資料時，宗教研究也會碰觸到許多非實證的資料，例如宗教家的日記、書信、回憶錄、宗教小說、宗教傳聞、宗教見證錄、顯聖錄，甚至宗教訴訟判決紀錄、傳說、傳言、故事、諸種過去人類學家無法採用或不採用的資料。這些資料牽涉到個人經驗、神秘不可重覆的事蹟、口耳相傳無法驗證的事蹟，在在均使人類學家在實證精神的要求下無法使用。

但是這些材料卻是當事人在學習成爲一個宗教信徒過程中均會碰觸的。如果研究者不解讀這些資料，能否理解一個信徒的信仰？

1　本文原刊於張珣《文化媽祖》第五章〈儀式與敘述〉，2003。在此稍做微調修改。

尤其對一個宗教信仰體系來說，人類學家的田野調查訓練要求研究者在一個定點做長期研究，優點是深入該定點的社會文化脈絡，然而有時也會有侷限感，無法得知該宗教信仰體系的變遷或其他更廣層面之全貌。

筆者一方面對大甲媽祖信仰有了長時期之調查，一方面也在閱讀媽祖信仰的歷史考證研究與其他地區媽祖研究的報告中獲益無窮。

然而受限於人類學研究方法之要求，以往只發表偏向進香組織的調查報告，極少碰觸信仰層面的探討。這對於一個想對宗教有所了解的人來說，不能不說是一個遺憾。

因而，本文嘗試從信徒或廟方的角度來看媽祖信仰。希望不限制於自己做田野調查的大甲地區，也能稍稍擴及其他地區的媽祖信仰，嘗試做一個雖未成熟但研究範圍更大的題目。

如此一來，在使用材料上勢必要用到其他人的調查或其他文類的資料，甚至可能用到一些未經驗證的傳說（如顯聖錄、神奇傳），傳言（如新聞報導）等等資料。

因而在標題上筆者用了「敘述」一詞，在收集及組織資料的方法上也使用「敘述」這一文類的材料。

一、從海上救難的天后水神到陸上定居的現代萬能女神

本文的「敘述」（narrative）指的是筆者所取材的各種文字資料，包括與媽祖有關的各種文字出版品、報紙雜誌、學者所收集記載的媽祖傳說，或各地媽祖廟的廟志記載，或流

傳於世的媽祖經典。誠如 Ochs and Capps 所說：「敘述」讓說話人可以從一些不連貫的、破碎的事件，創造出一個結合有過去、現在、未來，包含有現實、有想像，有意義的世界（Ochs and Capps 1996：19）。筆者以為過去的文人，經由一些碑文廟記來重建媽祖生平事蹟；信徒經由一些文字出版品，加上自己的體驗來敘說媽祖。他們均是在做「敘述」的工作，只不過是專業程度有所差別。而整個媽祖信仰本身也是一個大型的全國性的「敘述」工作，從宋元明清到今天一直在持續著，只要有信徒的存在，就有「敘述」工作的需要。可說這是一個全體信徒參與的敘述工作，有的人有意識地做，有的人無意識地做。因為是「敘述」而非歷史考察，所以筆者重視的是說話人本身說話時的目的，而非歷史真相的檢查，因此筆者希望能避開文獻上的考證功夫與爭論。例如在引用資料上，有些廟宇本身的記載與史家的記載有所出入，筆者引用廟方紀錄只是在呈現廟方人士的意向而非在做「真相」描述。

有關媽祖的文字敘述在各種層面均有，非常豐富。本文僅選擇有關救難的部分。救難的記載大多不見於專業史家著作，而多見於通俗文史作品，因之筆者在引用以下資料時，側重其對信徒之影響而非事蹟真偽之考據或事蹟發生時間之考據。大陸時期的媽祖傳說以救助海難開始展現其神力，從拯救落海的父兄到佑助朝臣路允迪等故事均是。渡海來臺的移民或朝廷官員也都留下了受媽祖佑助的記載。茲舉以下有名的例子：

澎湖媽祖廟是臺灣澎湖地區最早建造者，時間應是明朝

中葉（石萬壽 2000：219）。另說是在明萬曆二十（1592）年間，朝廷為了防範日本豐臣秀吉襲擊雞籠，派兵戍守澎湖時，由守軍建造供奉的。但是它最有名的故事卻是施琅率軍敗劉國軒於澎湖時的傳言。如胡建偉《澎湖紀略》（乾隆二十四年刊）所記載的：「（康熙）二十二年（1683 年）我師克澎湖，恍有神兵導引，及屯兵媽宮澳，靖海侯施琅謁廟，見神衣半濕，始悟實邀神功。又澳中水泉止可供數百口，是日駐師萬餘，忽湧甘泉，汲之不竭。施琅上其異，敕建神祠於其原籍湄州，勒文以紀功德」（林明峪 1988：255）。

　　而號稱與國姓爺關係密切的鹿耳門天后宮的建造歷史，據廟方稱，明（1661 年）鄭成功率大軍自福建省金門料羅灣出發征臺驅逐荷蘭人，其中戰艦四百艘，兵員兩萬五千人抵達臺灣鹿耳門外沙線，因水淺巨艦不得入，鄭氏換乘小船登陸鹿耳門港北線尾嶼，設香案跪叩媽祖[2]，祈漲潮水。果然水升丈餘，大軍得以登陸鹿耳門，進而攻陷荷蘭人所建之熱蘭遮城。鄭氏收復臺灣後，感念媽祖助漲潮水，神力顯著，乃建造媽祖廟奉祀隨艦護航來臺之媽祖神像（鹿耳門天后宮 1997）。

　　鹿港媽祖廟（舊祖宮）的廟地相傳是施琅族侄施世榜所獻，神像是康熙 22 年（1683 年）施琅從湄州嶼恭請護軍來臺。其神蹟相傳為乾隆 51 年林爽文亂，福康安率大軍從鹿港上陸，

2　另一說鄭氏親置神案於船頭祭禱皇天，禱告畢，一時潮水驟漲，鄭氏大悅，揮軍急入臺江，由鹿耳門登陸時，發現該地建有媽祖廟，始知漲水便利軍隊行舟，乃天上聖母庇祐所致（林明峪 1988：258）。而鄭氏後來感念媽祖神功，建了一座開臺天妃宮於安平鎮渡口處。（林明峪 1988：262）

至港口忽起大風，浪高竟將舟船傾覆，於是虔禱聖母，終得庇祐，風歇登陸。次年大軍凱旋駐屯鹿港，將卒獻金兩千餘兩，以謝神德[3]。

　　有別於上述官方建造的媽祖廟，北港朝天宮完全是民間建造的，但是北港媽祖也因為幫助國家朝臣建功而被賜匾。緣起於王得祿曾得媽祖庇祐，剿滅海寇，於道光 17 年贈「海天靈貺」匾（王見川、李世偉 2000：139）。

　　筆者所熟悉的大甲鎮瀾宮媽祖也有許多靈驗事蹟。根據《鎮瀾宮志》（大甲鎮瀾宮管理委員會 1974），乾隆五十年（1785）孟秋，嘉慶君仍為太子時，私遊臺灣，乘船夜經大甲西方海上，突遭狂風大浪，伸手不見五指，船被迫停駛，危難中，嘉慶於船中祈禱上天保佑。忽見遠方出現燈光，船即循燈光航行，不久，風平浪靜，當船駛近港口，見燈籠書寫鎮瀾宮。船一靠岸，遂賜地名為大安港（原名海垵厝）。經詢問居民，始知此地拜大甲媽祖，隨即前往參拜。

　　另外，光緒三年（1877）光緒皇帝欽命楊本縣撫臺，建造大甲溪堤。因為河床較高，一到雨季河水就氾濫，無法如期完工。撫臺寢食不安，苦思無策，經地方人士指點，入廟焚香。夜夢聖母指示「甲子日，當助洪水，三日事成」。甲子日，果然洪水翻浪，沙沙之聲如人工搬運石塊。三日後，洪水消退，河床砂石均被洪水沖刷不見。隨即進行工程，完工回朝，面奏皇帝賜匾。

3　福康安獲媽祖之助，平安渡臺，到達鹿港，再南下嘉義平了林爽文之亂。事後福康安奏請乾隆皇帝用官銀於鹿港另建一媽祖廟稱新祖宮，以別於原有施琅之舊祖宮。但是福康安對原來之舊祖宮也非常尊崇，並有巨金捐獻。

除了上數大廟有許多媽祖救難顯神威幫助朝廷之記載，全省各地媽祖廟也都有救助當地民眾的傳說流傳，爲了不占太多篇幅，僅以災難內容加以分類。在人禍方面有「番害」、「兵亂」、「匪徒」等項目。在天災方面有「蟲害」、「旱災」、「山洪」、「瘟疫」、「地震」等項目。但是大抵上媽祖都是幫助國家軍隊登陸臺灣，或幫助朝廷官員治理地方民政、蟲災、旱災造福民生，或擊退番害兵亂匪害恢復地方秩序。亦即媽祖、國家與民眾三者休戚與共，禍福相關，立場一致。而臺灣進入 1980 年代以後的媽祖救難敘述與上述有很大不同，如本章第四節將會敘述。民眾推舉媽祖爲民喉舌，媽祖與民眾站在同一邊，二者與國家產生了相對甚至抗爭的立場。

【番害】[4]

　　媽祖也在抵擋「番害」上屢顯神威。臺中縣太平鄉頭汴坑聖和宮有這樣的傳說，頭汴坑處於漢番交界地，每次番人作亂，當地便死傷無數。時有林家望族聘請大陸長工來耕作龍眼、李子果園。有一大陸長工返鄉時，無足夠盤纏，遂將隨身渡海來臺之媽祖神像抵押給林姓業主以換取船資回鄉。林家迎回供奉後，每到番人出沒，聖母前之香爐就會「發爐」，藉以警告居民，事先防禦（廖錦清 1994：82）。

　　同樣在抵擋「番害」上，臺中縣新社鄉屬於客家人聚

4　在現在人類學來說，早期移墾臺灣的漢人與原住民之接觸，應視為族群間之互動，雙方互相殺戮或搶劫實所難免。此處用「番害」一詞，僅表示當時漢人之眼光，因此，均加上括弧以表示其特殊意涵。

居之社區，其所信奉之九庄媽也有協助居民抵禦番害之記載：一名新社庄民到東勢角石壁坑採樟製腦時，因避雨在一所破屋中發現一尊淋雨的媽祖神像，匆促中僅於工地旁結草寮奉祀，後請回新社供奉，因屢顯神蹟幫助庄民抵擋泰雅族的出草行動，而成爲新社居民的共同信仰（林美容、方美玲 2000：369）。

【戰亂兵難】

淡水鎮福佑宮：清光緒十年（1884 年）法蘭西軍侵襲淡水，鎮臺提督孫開華受困，敵眾我寡，急求媽祖庇蔭，仰望雲端，忽見媽祖顯靈指揮作戰，軍心大振，一舉擊潰法軍，淡水因而免於兵禍。巡撫劉銘傳奏請光緒皇帝賜匾（吳增煌 1994：43）。

關渡媽祖是北臺灣最靈驗之媽祖，坪林、雙溪、石碇、貢寮等地迎神賽會均會請關渡媽祖作客。光緒二十一年（1895 年）廟中三棵榕樹突然一起枯死，當地人以爲不祥之兆。不久，果然日軍占領關渡，放火燒毀 30 多戶民房。幸而居民從榕樹的枯死，得知是聖母顯靈預告，預先逃避他處，免遭死難（陳免 1994）。

桃園縣中壢市仁海宮：大東亞戰爭時，日軍駐紮在該宮，盟軍頻來偵查，欲施轟炸，皆尋覓不到廟宇，僅見一片森林，無功而返。光復後，我空軍偵查隊亦暫駐該宮，有人述及該隊曾有隊員當年隨盟軍偵察機經過，並未見有該廟，始信聖母顯靈庇護，地方得以安寧（楊淑媛 1994：60）。

【擊退匪徒】

後龍媽祖在嘉慶年間盜賊作亂即將逼近後龍時，忽然吹起狂風，飛沙走石，颳得盜賊棄甲曳兵而逃，事後據稱是媽祖顯靈（林明峪 1988：312）。

大甲媽祖在擊匪上也有傳聞：戴潮春反亂時大甲媽祖曾降乩指示：「今夜大難，隨即當空書符以厭之」。果然從天降下一場大雨，阻斷叛軍凌厲的火藥攻勢（王見川、李世偉 2000：97）。

【蟲害】

媽祖由原初的海上救難增加了在農作上驅蟲之能力，農民也虔誠祭拜之。臺中市樂成宮的「旱溪媽祖」即以去蟲害為其神力特色。傳說在道光初年，臺中市大屯區部分地區稻作發生烏龜蟲病害，蔓延情形嚴重，農民深以為苦，遂迎請樂成宮「旱溪媽祖」前往遶境。於農曆 3 月 1 日，自烏日下廍仔開始出巡，忽然黑雲密布，滂沱大雨，烏龜蟲立即被掃盡。接著一庄一庄皆神到蟲除，農民咸認媽祖神力顯赫（葉智中 1994：102）。

金山鄉慈護宮媽祖每年有「迎媽祖」活動。相傳起於清朝年間，金包里堡一帶突有大批害蟲入侵，以致田內稻穗枯萎，鄉紳父老乃向慈護宮媽祖祈求，迎請出巡遶境，以除蟲害。當媽祖回駕時，傾刻間，狂風驟雨，歷數日才停，田內害蟲消失殆盡，鄉人因而議定每年迎媽祖遶境（劉嘉仁 2001：91）。

【旱災祈雨】

　　光緒十三年（1887）四月嘉義西門街恭迎北港朝天宮聖母參與祭典，該年逢大旱，嘉義縣民羅建祥建壇，祈雨未成，獲知人民敬拜媽祖甚虔，乃齋戒三天，向媽祖禱告，登壇不久，大雨即傾盆而下（何明鎬 1994：118）。

　　大甲媽祖俗稱「雨媽」。因為每次媽祖進香必定會帶來豐沛的雨水。另外，根據廟方稱近年宋楚瑜虔誠信仰大甲媽，乃是因為宋氏當臺灣省省長時，曾向大甲媽祖祈雨成功感其靈驗所致。

【治平山洪】

　　後龍媽祖的傳說中有一則是 1930 年 6 月 18 日早晨，大雨直下，山洪爆發，淹沒整個後龍，正危險之際，西邊的鐵路軌基自動潰毀，洪水由此缺口洩出，才解除洪水之患。事後有人目擊一行白鷺朝西天飛去，又見一白衣少女佇立鐵路上，其所立地點正是洩洪之缺口（林明峪 1988：312）。

【祛除瘟疫】

　　嘉義縣朴子市配天宮媽祖廟原名「樸樹宮」。康熙年間，布袋鎮有一名林馬者，循例前往湄州謁拜聖母時，聖母託夢許其奉請金身一尊，返臺奉祀。歸途經牛稠溪南岸，在一棵樸子樹下休息，林馬忽覺聖母金身重如泰山，無法搬動。擲杯請示神意，即於該地搭建小廟奉祀。當時，附近一帶瘟疫蔓延，信眾前往祈求，均能不藥而癒，因而聖名遠播，此地

乃以媽祖廟爲中心形成一街市，並取名爲「朴子」以紀念之（陳茂松 1994：122-123）。

從早期的移民的海難、水災、戰亂、番害，到定居臺灣後的旱災、蟲害、瘟疫、匪徒之難等等，有關媽祖救難的敘述幾乎顯現在臺灣各個時期的戰爭：鄭成功與荷蘭人的戰爭，施琅征臺，中法戰爭，日本侵臺，日本殖民統治末期大東亞戰爭，朱一貴、林爽文、戴潮春各時期的抗清等等。天災方面，就臺灣常發生的天災如洪水、颱風、地震等媽祖也都屢顯神威。從保佑漁民海上平安、漁獲豐收，到替農民去除烏龜蟲病害，從伐木工人，到協助士紳，足證士農工商各行各業均可祈求。

日本殖民統治時期，日本政府開始在臺灣實行現代國家體制、法律、警察、公醫等等制度，臺灣進入現代化初期。然而，日本學者仍觀察到民間有依賴神前立誓來做仲裁，而引起學者們探討民間信仰（媽祖）在民間倫理道德維持上的功能。增田福太郎指出多數神前立誓案件是在城隍爺或大眾爺等職司懲罰或報復的神明前面舉行。但是因爲媽祖信仰的普及，媽祖廟就近方便，媽祖也會被民眾請來仲裁，扮演司法裁判角色。增田提到的案例有在板橋媽祖宮前，有在虎尾郡土庫媽祖宮等，應該不是孤立事件（江燦騰 1997）。這或許也是媽祖成爲萬能之神的過程之一。然而如前所述，媽祖的能力與造福民眾的顯靈事蹟與救難敘述，基本上均是在與國家立場一致的情形之下，因此媽祖也能屢次得到國家各種形式的褒獎與讚揚。

二、震災與賑災

媽祖的救難能力表現在海上，隨著閩粵移民入墾臺灣內地，碰到與原住民相處時的「番害」，農耕時的蟲害，山區居民的洪害，媽祖也逐漸發展出陸上救難能力。陸上最大災難，人類至今仍無法應付的莫過於地震。每年世界各地死於地震之人數仍很多，尤其臺灣地處地震帶上，每年均有大小不一之地震。媽祖在保佑信徒免除地震災難上也有傳說，雖然不多，但是有別於前述媽祖對「水」的控制能力，也值得我們討論。

後龍媽祖有關於地震救難的神蹟。1935 年 3 月 19 日凌晨 6 時零 5 分中部大地震，一群昨夜演完酬媽祖神戲的戲子，睡在戲臺後，忽聽有人呼喚，個個驚奔出來，頃刻間戲臺倒塌，二十幾名戲子，無一受傷（林明峪 1988：312-13）。

大甲媽祖最靈驗的救護地震災難之傳說，就是 1935 年農曆 3 月 19 日清晨的中部大地震。1980 年代筆者在大甲進行田野調查時，地方耆老對該次地震之恐怖以及大甲媽祖顯靈的記憶猶新，也都津津樂道，詳情本書第三章已有述及，讀者可自行參考，此處從略。

進入 1990 年代之後有關震災的神蹟仍然不斷。前述臺中縣新社鄉九庄媽在 1999 年 9 月 21 日臺灣中南部大地震中也有奇蹟顯現 [5]。庄民指稱九二一地震後他們檢查廟中陳設時，

5　筆者根據當時電視新聞報導轉述。

發現神像前之蠟燭倒了，但是天公爐、媽祖、千里眼、順風耳等神像均安然無恙，矗立不倒。大甲鎮瀾宮廟方董事也表示在「九二一」地震前，大甲媽祖即已經向許多信徒出籤，預警將有大災難發生。信徒們互相走告，約束生活要檢點，以免受到災難懲罰。事後證明大甲與其鄰近地區平安無事，信徒均認為是大甲媽祖靈驗所致。

1999 年的九二一地震，不但沒對鎮瀾宮信徒造成災難，鎮瀾宮反而因為救助九二一地震而名列該年內政部頒發的公益事業第一名獎。該年一年鎮瀾宮總共投入兩億兩千萬元於公益事業上。鎮瀾宮報導人董先生表示，本著媽祖慈悲救世的精神，原來就由廟方組織內的總務組負責經常性的，進行各種急難救助活動，例如風災水災救助、醫療補助、貧戶救濟、獎助學金等。幾年前並成立有一個經常性的救難隊伍「清溪救援隊」，由義工組成，協助一些交通指揮或救難工作。對九二一賑災的救援只不過是延續以往的慈善工作。因為鎮瀾宮信徒範圍的四鄉鎮大致上沒人傷亡，因而針對鄰近的香客來源地區，如東勢、新社、石岡、豐原等災區尋訪，結果僅有兩位信徒罹難，每位給與數萬元補助。更遠地區則因路途遙遠，通訊不佳，無法成行。但是地震隔天，從媒體上看到災區需要各種物資，除了廟方迅速捐款給內政部及臺中縣政府之外，也呼籲信徒捐獻物資，由廟方指揮義工載運到災區發放。

鎮瀾宮廟方在此次大規模救災上覺得力不從心，因為其組織上、動員人力上、配備上、聯絡器材上、無法快速達到需要救援之地。但是深覺「慈濟能，我們也能」，因而想動

員全臺各地的大甲媽祖分會，或曾經來搶過頭、貳、參香及贊香的團體，共同組織一個大甲媽祖功德會，專門從事距離鎮瀾宮較遠範圍的慈善救助工作。言談中可以解讀出鎮瀾宮廟方有一個說不出的焦慮，或說有待努力的目標在心中。那就是他們很想成立一個全省性的組織，才可與花蓮的慈濟功德會並存，進而走向現代化及企業化的救災規模，但是在民間信仰上卻又掙脫不了原有社區廟的限制，而心有焦慮。如董先生所說：「鎮瀾宮是屬於四鄉鎮的（以往說五十三庄）」。意思是在四鄉鎮的重大事故上，鎮瀾宮責無旁貸，也理直氣壯地可以救助，一旦超過四鄉鎮的範圍，就有力不從心感。其回答的表面理由是沒有經驗，實際上應該是師出無名，無法越俎代庖。因此，以往沒做過全省性大範圍的救濟，現在才會沒經驗。從本書第三章讀者可知民間信仰中廟宇有著根深蒂固的轄區或地盤範圍，即俗稱的收丁口錢的範圍或信徒範圍。涉足別的社區的救助工作，有拉信徒的嫌疑，也冒犯到該地社區廟宇的尊嚴。因此，除非雙方廟宇素有交情，或應對方之要求才能去救助。

三、新的社區性災難：環境汙染[6]

　　臺灣在經歷了 1950、1960 年代的經濟發展，到了 1970 年代，受到全球性的環境保護意識抬頭的影響，也開始有了

6　上節宮廟組織救災以及本節組織抗爭團體的敘述，與「媽祖救災傳說」的敘述屬於不同範疇之敘述。前者的敘述者為筆者本人，根據各種資料作成之敘述，而後者的敘述者為各廟志撰寫人。

要經濟發展或破壞生態環境的兩難困境出現。最初這一個困境只有存在於政府決策單位以及學者之間，因為無論政府決策官員或學者，大多是留學於歐美先進國家而後服務於政府或學術單位，他們受了西方思潮的影響認為文化與自然是對立的，或說人類社會的經濟發展必定會對自然生態環境造成破壞，因此環境論者（environmentalists）與經濟發展者（developmentalists）是誓不兩立的。一個站在自然界的立場，主張自然保護應該高於人類社會的需求，一個站在人類生存的立場，認為社會經濟發展應該先於環境保護。

早期多數經濟發展政策由一黨獨大的國民黨決定，民眾也沒有表示反對或溝通的機會。一般民眾大概也沒有能力意識到經濟發展與生態環境之間之矛盾或困境。能夠有工作機會，能夠養活一家人是他們最為關心的問題，而不是環境破壞與否的問題。傳統中國人的世界觀當中，人或文化也並不與自然對立，二者毋寧說是互相融合，互相依賴的。民間常說：「天公生人，天公就會給人稻穀吃。開發山林為了養育後代是應該的」。人來自自然，自然應該就會提供資源給人存活下去，人開發自然也是應該的。當然在傳統觀念中，人不會無止境地開發自然，不會為了征服自然而開發自然，而是取之有道，滿足溫飽的程度，否則會遭受自然的懲罰。

因此，1970 年代臺灣的環保活動，或環保意識大多還是在上層社會中，尤其是政府官員與學者之間。學者引進西方環保觀念，呼籲臺灣社會應該重視環境汙染問題，促請政府制定自然資源保護法令與成立負責單位。例如《中國論壇》是當時環保言論的重要發表刊物（曾華璧 1995）。《思與言》

雜誌社也於 1980 年出版第一次的「環境與社會」專號（由蕭新煌主編），1994 年出版第二次的「環境與社會」專號（由王俊秀主編），在學界均扮演了重要角色。即使解嚴後，學者在環保運動上仍然扮演重要角色，藉著其名譽與地位發揮其社會影響力，幫忙成立環保組織或基金會的募款。

另外，1970 年代臺灣環保工作的推行主要是由上而下，由政府主導的，民間的加入要到 1980 年代才積極。環保運動包含兩個範圍：自然生態保育及公害汙染的防治。政府的工作成果主要表現在前者：如 1972 年開始實施禁獵令，1974 年開始陸續設立森林保護區，都市綠化與風景區之規劃（1974 年臺北市青年公園正式開放），國家公園之設置（1970-1990 先後成立五大國家公園）。後者則要到 1980 年代後，在知識分子動員社會力量後才明顯：如 1986 年鹿港反杜邦事件，1988 年貢寮反核四運動，均是反公害運動的主要重心。1990 年代後，民間團體才成為政府制定政策時強有力之監督者（曾華璧 1998）。1987 年環境保護署才成立，以主管公害汙染防治，而自然生態保育則仍分屬不同部會（內政部農委會與經濟部）。

學者們認為 1987 年 7 月臺灣解除戒嚴令，是民間力量展現的一個分水嶺。解嚴後，社會運動團體，在野政治運動團體，與民間環保團體等等，紛紛成立。民間環保團體除了爭取個別社區的利益之外，另外，也對長期執政的國民黨過去由上而下地，威權體制的強制性決策程序及其結果表示不滿，透過持續抗爭，要求開放參與環保的公共決策，例如以公民投票決定是否興建五輕、核四等（鄭欽龍 1994）。人類學家

Mary Douglas 在討論環境保護運動的研究上，有一個發人深省的論點，她認為人類社會有很多危機或災難，但是每個社會只會挑選其中一些而忽略另外一些危機。因此對危機的認識、處理與評價並非客觀的，而是充滿社會文化主觀價值判斷。猶如人類對「潔淨」與「危險」的判斷一樣，也是充滿主觀評斷（Douglas and Wildavsky 1982）。因此，近年來的全球環境保護運動或其他各種運動，研究者應該探討背後隱藏的訴求與組織團體，而非表面的環境保護訴求。我們由臺灣近年之環保運動也可以看到，在野黨一直是環保運動之推動者，印證了 Douglas 等人所謂運動背後另有訴求之論點。

1980 年代由文化建設委員會副主任委員陳其南提出的「社區總體營造」給予民間一個模糊的「社區觀念」，在這個標籤之下，結合地方鄉土情感，愛鄉愛土的訴求，各種「文史工作室」、「地方文教基金會」、「社區運動」紛紛出現。促銷地方農產品，社區民俗宗教觀光活動等，均以社區名義來進行。反社區汙染也在這個流行的社區口號下得到發展。

民間環保團體有軟性訴求者，如新港文教基金會。該基金會於 1987 年成立，採取與當地最大廟宇 —— 新港奉天宮 —— 合作的方式，迅速取得全鄉認同與動員。結合媽祖信仰與環保愛鄉的訴求，推出「淨港活動」：每年三月大甲媽祖數萬信徒來新港遶境進香，在新港待三天，所留下滿街的厚紙板、鞭炮屑等垃圾，呼籲由基金會會員來清除（林秀幸 1997，1998）。民間環保團體也有採取強硬抗爭訴求的，是本文以下所要討論的。

被稱為臺灣歷史上最大規模的環保運動是，1986 年鹿港

鎮民反杜邦設廠事件。1986年元月公職人員選舉時，彰化縣
議員候選人李棟樑及鹿港鎮長候選人王福入兩人，得知美國
杜邦公司將於彰濱工業區設廠，製造生產過程中具有高度汙
染性的二氧化鈦。於是二人聯合發起反杜邦設廠簽名運動，
並以反杜邦設廠爲二人之選舉訴求，結果雙雙當選。當選後，
王福入去美國參觀杜邦工廠回臺後卻改變態度，由反對變成
不反對，甚至暗示贊成設廠，鎮民因此發起罷免鎮長活動。
李棟樑則信守政見諾言，並積極展開各種反設廠工作，包括
發動群眾示威遊行，發起組織「彰化公害防治協會」並擔任
總幹事，積極與臺灣各地環保生態組織聯繫以互相聲援等等。
1986年8月17日當他們計劃組團，前往桃園縣觀音鄉大潭村，
實地了解當地遭受高銀農藥廠汙染狀況時，被大批軍警圍堵
無法出發，雙方僵持數小時，只好打道回府，轉到鹿港天后
宮（舊祖宮）祭拜，祈求媽祖保佑。並在天后宮前咒誓，若
抗議成功即舉行還願謝神活動（黃雅慧1987）。

　　此後各種反杜邦設廠抗議活動如火如荼地不斷舉行，而
於1987年3月8日最後一次示威過程中達到高潮。當天在天
后宮舉行反杜邦設廠演講會，會後並遊行。卻被鎮暴部隊團
團圍住，雙方劍拔弩張幾乎釀成衝突，最後改變遊行路線才
免除一場一觸即發的緊張場面。3月12日臺灣杜邦公司總經
理柯恩祿出人意料之外地宣布撤出鹿港。鹿港民眾欣喜若狂，
咸認爲媽祖保佑。3月22日舉行還願祭典慶祝活動。居民聯
絡各角頭廟宇信徒，舉行遊鎮謝神大祭典。全鎮各廟主神於
忠義廟（主神關帝爺）齊聚之後，遊行到天后宮舉行還願儀
式。儀式中恭讀「還願謝恩疏」：「……去歲杜邦設廠事，

唯恐毒危生靈，民起反抗。觀強敵壓境，護土維艱，幸有聖母，慈靈赫濯，民有憑依，眾志成城，終勝強敵，此皆聖母靈威呵護，消大災，防大患於未然，從茲風清水淨，鄉土長安……」。將反杜邦設廠運動之勝利，歸諸聖母神威顯著結果（張曉春 1987）。

在此次反杜邦設廠運動中的主要團體是「彰化防治公害協會」，而主要靈魂人物是彰化縣議員李棟樑。在前後僅一年多的短短時間內能夠達成運動的目的，算是相當成功的。於謝神遊行隊伍中，此協會具名的遊行布條寫著「慶祝杜邦撤銷彰濱設廠，祈求國泰民安」。顯然，舉著布條以及跟在布條後遊行的民眾，並不認為鹿港地區與「國家」之間有地理或空間的，或行政層級的落差。杜邦雖然宣布撤出鹿港，但是並不撤出臺灣，經濟部仍然歡迎杜邦在臺設廠，而且表明可以在國內其他地方設廠生產二氧化鈦。對鹿港民眾來說，「國泰民安」的「國」是他們能力所及的範圍，意即鹿港地方，而非全國之意。這是很有趣的聲明，雖說「國」泰民安，實際上僅保護了鹿港地區。也有學者指出地方環保運動顯示出來的地方性而非全國性，是其特色之一（Weller and Hsiao 1998：97-98）。我們也可以說由廟宇的宗教力量支持的地區環保運動之所以能成功，正是因為他們動員了地區性人際網絡，及地區性訴求，而非全國性訴求，他們也就僅能達到社區層次的環保。

高雄後勁地區反「五輕」運動也是利用了社區宗教做後盾。雖然所祈求的神明不是媽祖，而是神農大帝，也可說明地區廟宇在團結人力上的作用，以及臺灣地方性環保運動經

常運用宗教資源做支持。[7]

　　臺灣反公害運動人士漸漸摸索出一個模式，即是將新竹市水源里居民對李長榮化工廠的圍堵方法，加上鹿港鎮反杜邦的請願辦演講會抗議方式，加上臺中縣反三晃式的抽取地下水化驗方式，到後勁居民北上臺北包圍立法院抗議，演出不惜與警方流血衝突方式，總加起來，靈活運用。抗議方式越來越激烈，立場越來越鮮明，民眾為了爭取地方利益進而反對政府的決心也越來越強烈。雖然這些反公害運動背後均不乏有政黨或派系介入（花逸文 1987），但是筆者以為有趣的是政黨與派系並無法取得全社區民眾之參與，經常得藉助宗教信仰，尤其是當地老的社區大廟之支持。擲杯、發爐或附身開口是民眾測知神明意思的方式。有了神明做後盾，民眾不分黨派或政黨才有了合作的媒介，才能有共識，成為社區訴求。

　　最後，我們要談的是臺北縣貢寮鄉澳底地區民眾反對臺

7　1987 年，中國石油公司將於高雄市楠梓後勁地區，設置第五輕油裂解場（將石油廢料分解成可以製造塑膠的原料，其過程對地方之空氣與水源造成相當大汙染），鑒於以往中油以政府名義進行的工程不會招致反對，因而未在地方上進行徹底溝通，甚至環境影響評估也是在居民反對後才匆匆進行。當地居民遂於 1987 年 6 月中旬開始進行抗議活動。7 月，地方人士組成「楠梓後勁部落反對五輕自立救濟委員會」，希望統合所有反對力量，長期溫和抗議，與中油召開協調會。
「反對五輕自立救濟委員會」從後勁地區三個廟宇得到龐大經費補助，其中一個廟宇一次就捐出兩百萬元支持運動基金（張力雁 1987）。1990 年 5 月 6 日後勁舉行公投，是臺灣地區第一次公投公共政策。雖然票決結果（公民票決地點也在鳳屏宮內），高票反對。但是政府僅以之作為參考，仍照計劃興建五輕。雖如此，長達 3 年 5 個月的抗爭，也為後勁地區爭取到 1.5 億元的補償金及其他防治汙染的設備（Weller and Hsiao 1998：96）。

電興建核四廠的抗爭運動，至今年長達 13 年，還不能說取得最後的成功。長年的抗爭也是因為有宗教信仰做後盾。當地居民表示仁和宮媽祖指示不能興建核四廠，而一舉成名成為鄉民反核象徵，被稱為「反核媽」。因此每年媽祖生日舉行遶境活動，反核團體均會參與仁和宮的遶境，表明反核立場，爭取認同。整個運動的開始是，1978 年臺灣電力公司籌建核能四廠，會勘後，認為貢寮是最佳地點。然而 1986 年，蘇聯發生車諾堡核電廠爆炸事件，臺灣新聞媒體對之報導甚詳，引起貢寮地區民眾憂慮。而於 1988 年成立「臺北縣貢寮鄉鹽寮反核自救會」，馬上有大約 1500 個居民加入。他們迅速獲得「臺灣環境保護聯盟」等三十幾個團體支持，接著就在金山、鹽寮、恆春舉行說明會及遊行。之後，環保聯盟先後取得學術界、學生團體、國際環保人士、民意代表的支持，經常舉行演講、簽名義賣活動、反核連署活動、在臺北市議會與立法院前的請願活動、臺電大樓前的反核和平靜坐禁食活動、全國反核聖火傳遞等等，將整個反核活動帶到全臺各地，也是公共政策上民進黨對抗國民黨的最主要議題。

　　1991 年 9 月「鹽寮反核自救會」進駐核四廠門口，進行長期的抗爭活動。同年 10 月，因為警民衝突，一死，十餘人受傷，多個自救會會員被起訴。1994 年，貢寮地區舉行核四公投，開票結果反對興建者占 96% 以上。然而立法院仍通過核四預算，「鹽寮反核自救會」因而繼續各種抗爭活動。1999 年，原子能委員會核准核四建廠的執照。2000 年 5 月，反核團體舉辦「恭賀反核總統當選、建立永遠非核家園」大遊行，要求陳水扁實現競選時之諾言，停止興建核四廠。10

月，陳水扁向國民黨借用的唐飛，因爲堅持國民黨政策（興建核四）而辭去行政院長職務，民進黨的張俊雄上臺後，下令停建核四。貢寮地區熱烈慶祝反核成功。隨即引發在野黨發起罷免行政院長活動，立法院隨即針對立法院通過之預算，行政院依法是否一定要執行之問題進行討論，決議核四應該復工。然而現今卻處於假復工眞停工之狀態[8]。

　　仁和宮媽祖爲何成爲當地居民反核的象徵呢？貢寮地區屬於民間信仰的廟宇約有 20 座，主神有媽祖、王爺、開漳聖王、三山國王等（臺北縣文獻委員會 1960）。其中媽祖廟有三座，慈仁宮[9]、德心宮、仁和宮。1960 年印行的《臺北縣志》記載，慈仁宮建於清咸豐四年（1854 年）。慈仁宮建廟緣起，根據該廟廟祝所說，大約兩百年前，海邊有一尊媽祖神像閃閃發光，漢人均無法取出，卻被一名平埔族老婦女去海邊撿拾海茱時取出，蓋廟後，雖然漢人與平埔族人共同祭拜，但因廟旁多爲平埔族人，因此俗稱「番仔媽」。宜蘭縣火車未通之前，本地是交通要道，香火相當鼎盛。在風光時期，廟前的整條道路均有平埔族婦女擺設小攤販賣土產。日本殖民統治時期，逐漸沒落。光復後，更因廟內漢人與平埔族人財產糾紛，香火不繼，加速沒落。如今門可羅雀，漢人多去街

8　新聞報導核四如果眞要復工，最快也要等到 2001 年 5 月，聯合晚報 2001/4/23。

9　筆者原是前往貢寮地區針對慈仁宮的「番仔媽」進行凱達格蘭平埔族改宗祭拜媽祖之研究。然而田野中，居民不願與筆者或助理談族群相關之問題，而只願談反核四之問題。並希望我們加入他們的遊行與其他活動。促使筆者開始思考反核媽的議題，而有本文之寫作。

上仁和宮拜拜，平埔族人多數遷移到基隆等外地，僅剩廟旁數戶平埔族人家。2000 年 3 月，媽祖聖誕慶典時，突然湧入的香客，多為從臺北、基隆等外地來的人，對我們的問題一問三不知，多數回答是隨朋友來拜拜，因此，不知詳情。慶典一過，廟前又恢復原來的冷清，僅剩麻雀在屋瓦間飛躍啾啾。

如今漢人祭拜的仁和宮是三座媽祖廟中香火最盛的，與其交通位置便利有關。此廟位於貢寮鄉仁里村，處於北縣最大漁港——澳底港——所在的漁村中心，濱海公路從旁經過，臺灣汽車客運公司在此設有休息站。每至假日便有很多遊客在此停憩，以便到貢寮觀光景點——鹽寮抗日紀念碑、草嶺古道、吳沙墓園——遊覽。此廟經過多次翻修增建與當地人經濟實力有關，也是此廟香火盛過其他兩廟之因。依據《臺北縣志》（臺北縣文獻委員會 1960）的記載，此廟建於日本大正 8 年（1919）。然而廟方所印製之簡介，卻稱建於咸豐年間，且其媽祖神像緣起幾乎仿照慈仁宮之說法，稱清道光年間由平埔族婦女於海邊撿拾。仁和宮廟方不願回答此方面問題。慈仁宮方面則稱漢人不願拜慈仁宮媽祖，因為被稱為拜「番仔媽」，因而另建媽祖廟於街上。如依仁和宮接受慈仁宮媽祖神像由來之說，則仁和宮是慈仁宮之分香廟了。

德心宮建於道光 3 年，位於草嶺古道（淡蘭古道中的一段）必經之處，與慈仁宮一樣，在濱海公路未開通之前是臺北淡水地區往宜蘭必經之路，兩廟之香火均曾經鼎盛過。如今兩廟也遭遇到同樣沒落之命運，德心宮的委員比較活躍熱心，因此維持得還好，廟的二樓有文物室陳列該廟古早籤詩

印板、古匾、石柱、媽祖神像拓印、印模等等。在保存古物與宣傳廟務上很用心。

仁和宮管理委員會選舉範圍是澳底的三個村（仁里、美豐、真理），還少於德心宮有四個村（貢寮村、龍門村、雙玉村、吉林村）。慈仁宮則僅有雙玉村選出其管委會成員。那麼，仁和宮為何成為反核中心？仁和宮自稱因為他們歷史最悠久，廟地最大。我們綜合多方人士說法後，歸納原因可能與地理位置和政治派系有關：1. 仁和宮廟地的後面即可看見核四廠，地理位置接近，備受威脅。2. 仁和宮位在澳底，澳底民進黨員比較多，反核四最初是由他們發起的。3. 仁和宮香火盛過其他兩廟，經費充裕，可以資助反核活動所需。4. 其他兩個媽祖廟位在貢寮另一邊，態度上比較不投入。

2000 年 4 月，「鹽寮反核自救會」與綠色公民行動聯盟，於仁和宮舉辦「反核生活營」，歷時三天。企圖透過對貢寮鄉自然人文資源的了解，深刻體認核四興建對美麗鄉土造成重大傷害。5 月 1 日，環保聯盟與自救會，於仁和宮舉辦媽祖出巡遶境活動，強調與其他地方媽祖遶境不同是，結合環保訴求於遶境中。整個活動的標題是「慈光普照東北角」，其訴求是「大家來反核，媽祖保平安」。海報上寫著「貢寮人心中的海洋守護神、反核精神領袖——媽祖」。聲稱貢寮媽祖誕辰廟會是鄉內最重要活動，媽祖凝聚貢寮人的社區意識，在共同關心環境土地的精神上，一直扮演著守護神及鼓勵者角色，如影隨形地陪伴著貢寮人走過悲歡滄桑歲月。

三、救難敘述的變遷

我們要如何理解上述不同範疇的媽祖救難的敘述呢？如果從救難內容的變化上來看，可以看到不同時代民眾需要媽祖搭救的災難有所不同。我們可以粗略地說現代航海科技發展減少了海上航行的危險，水利工程減低了洪水及雨水氾濫之機率，農業蟲害，瘟疫流行，或族群之間的迫害等等也多數藉著農化、醫學或社會政策來解決。亦即，民眾的災難不同是因社會政治科技變遷了。

其次，從此些救難敘述中，我們可以發現媽祖信仰表現出幾個特點：1. 從早期信徒需要類似巫術的具象敘述逐漸發展到後期信徒注重宗教抽象層面的啟發。雖然巫術─宗教的分別，近年來頗受人類學者之詬病，本文此處的「巫術」指的是信徒比較在意的，有實際看得到的物質依據或變化，「宗教」指的是信徒比較注重精神層面純信仰的狀態。此處盡量不觸及在「巫術」─「宗教」二者之間作優劣分別。早期救難敘述中會提到媽祖的元神在搭救海上落難的父兄時，媽祖本人留在屋內織布，手持梭，足踏機軸，手持者兄舵也，足踏者父之舟也。或馬公媽祖在營救施琅的軍隊後，施琅入廟，見天妃神像，臉汗未乾，衣袍俱濕。後期救難敘述比較少看到這類的描述，媽祖可以成為一股力量左右地震位置，或僅存於信徒心中的一種信念與象徵，以與政府對抗。

2. 從早期注重人類個人生命到近期重視社區生態整體生命概念的出現。早期敘述很多是集中在搭救有名有姓的個別

朝廷官員,如楊撫臺、施琅,或福康安將軍,或嘉慶皇帝,後來出現有營救全社區的芸芸眾生,黎民百姓,拯救人類的生命免於洪水、地震迫害。近期結合環保運動的媽祖信仰注重整個社區生態環境的保護,及一切自然生命的保育。

3. 從早期媽祖被動聆聽信徒的祈求到後期媽祖寺廟主動的發揮媽祖救難精神。早期救難需要信徒呼救,媽祖才降臨,稍後救難敘述甚至不一定要媽祖本人親自出馬,可以是媽祖的兵將,或左右護法神千里眼、順風耳出馬即可。近期如北港朝天宮於 1977 年創設媽祖醫院,1985 年落成,主動設立醫院救助貧困病人。主動設立各種社會慈善救濟項目,將「救難」工作轉變成常設性慈善事業來辦,而且是有組織有定期地辦,不需媽祖本人疲於奔命,而由媽祖的人間代理人——廟方董監事或委員會——來主動完成媽祖的救難精神。

4. 從早期關心地方社區到近期傾向關心愛護普遍平等的人類世界。帝制時期的媽祖精神是「忠孝」的最高表現,但是無論是救父兄,或救朝廷官員,畢竟是有限的家族主義,或國家主義的愛。現在鎮瀾宮在九二一賑災時,強調媽祖的精神是「慈悲救世」。「慈悲救世」的愛,可以大到全臺灣,或甚至全世界。鎮瀾宮廟方進一步想組織全島性的「大甲媽祖功德會」,以效法佛教的「慈濟功德會」能夠不分國籍、種族、信徒,不分轄區內外,普天下一視同仁。同樣地,貢寮仁和宮媽祖在遊行示威時,呼籲全島民眾一齊反核,保衛臺灣家園,也不只是在貢寮地區反核而已。

5. 在與國家政治的關係上,從維護朝廷官僚體制到制衡政府,或反抗政府的發展。早期海上救難對象是政府職官、

外交官、將軍、甚至是皇帝本人。安全護送此等政府官員到達目的地並完成使命。近期，由鎮瀾宮向政府提出海峽兩岸宗教直接航行的要求，逼迫政府做出遲遲不願面對之政策，到鹿港民眾請出舊祖宮媽祖，激烈反對經濟部首肯的杜邦設廠事件，到貢寮民眾請出仁和宮媽祖示威抗議，反對興建核能發電廠。民眾祈求媽祖以反對政府的立場越來越強硬。此點 Robert Weller 也指出臺灣人民在由下往上給政府壓力時，民間信仰經常成為民眾的公共力量及象徵資源（Weller 1999：107）。由本章所舉已經發生的例子來看，媽祖更是會被抬請出來做明顯的權威來源。筆者以為民間信仰在中國帝國時期經常被帝國使用來傳達帝國意識型態，雖也間或有抗爭但是不多也不激烈[10]，近期做為臺灣民眾民主自由結社的表現，或以與國家做對立面的社會（state/society），或「非政府組織」（NGO）等等型態出現，是很有趣的發展，值得吾人進一步注意與研究。

但是無論社會條件怎麼變遷，不變的是永遠有需要媽祖搭救的災難出現。亦即，另一個理解這些不同範疇的救難敘述的方式是，我們可以從災難的意義上來探討。從以上各種媽祖救難敘述來看，如果大家不反對的話，宗教可以看成是，不同時代的人需要什麼，以及他們無能力克服什麼的一套敘述。換言之，苦難是宗教產生的一個重要原因，因此，苦難可以是分析宗教的一個切入點，看看各個宗教如何定義苦難，

---

10 白蓮教等屬於教派宗教或有稱為民間宗教者，與本文所稱之民間信仰是不同的。

如何解釋人類爲何要受苦難，以及提供了什麼解決苦難的方式。

　　然而，上述媽祖救難敘述中，個人性的苦難祈求比較少被登錄在廟志上或文人的記載中，多數是社區性或眾人的苦難被記載。比較缺少一些個人反省的受苦經驗，或深入的描寫整個苦難。其次，敘述的主要劇情集中在媽祖的靈驗與慈悲，如善書《聖母顯聖錄》或《聖母神奇傳》，多未提及信徒方面之背景或條件。因此，如果我們要理解民間信仰者記載這些媽祖救難事蹟時，有什麼目的或意義，或他們如何解釋人類爲甚麼要遭受種種苦難等問題，材料比較片段不成體系，或許我們可以借助其他宗教的討論，再替民間信仰整理一個有關苦難的理論[11]。

　　韋伯（M. Weber）認爲宗教教義的核心在於提供一套解釋，說明如果神是萬能的，爲何人世間有如此多的不公平、不完美以及災難？究竟不公平、不完美或災難的意義是什麼？韋伯並進一步認爲由神義論（theodicy）可替不同宗教做分類。不同宗教或社會對於何謂災難有不同之看法，對於人類爲何要遭受災難也會有不同解釋（Weber 1963：138-150）。例如佛教以「業」（karma），基督教以神選預定說（predestination），祆教以光明黑暗兩種力量對抗（dualism），來解釋人爲何有聰明愚鈍，有高矮，有男女，有貧富之差別，世界有各種缺陷不完美，以及人類要遭受各種痛苦災難之原

11　例如李豐楙教授提到「救苦」、「救劫」。筆者以為「救苦」、「救劫」是有受到佛教影響之觀念。本文暫以「救難」討論，範圍比較廣泛。

因。

　　韋伯的理論比較傾向是在解釋一個萬能的造物神既要造萬物為何又要降災難。媽祖在民間信仰中並非萬能的造物神，其信仰的本質或靈驗救災事蹟是在表現媽祖的忠孝慈悲精神對人類道德教化上之力量。二者有所不同。因此未來還需對民間信仰中的苦難意義做深入釐清，包括對不同神祇救災類別等等之區辨。

　　另外，諸如猶太教、基督教或回教等宗教，相信宇宙之間有一個真神，信徒固然要守戒行善以減少苦難降臨自身的機會，但是與神之間的關係更重要，也就是要虔誠真心地信仰神。藉著真心誠意的信仰，可以得到真神對人的救助而脫離苦難。也就是信仰本身就具足意義，信仰本身就是信徒最需要努力的事。當然這些都只是一些理想型態，各大宗教內部也存在有不同觀點或個人詮釋。例如，原始佛教雖不把佛陀當作神，大乘佛教的信徒卻把佛菩薩當作神來信。藏傳佛教認為受苦是法師本人今世投胎來世的學習，以便累積自己成佛解脫的資本。受苦也有正面的意義，而不僅是貪嗔癡的後果。

　　臺灣民間信仰屬於有神論而且是多神論的，神住在天上可以看到每個人的行為是善是惡，而分別給予獎懲。一個人生病以及生活中所有各種的不幸，幾乎都可看做是與個人行為有關，也就是與神明之獎懲有關。眾人的行為會影響到社區之禍福，社區內之災難通常也是因為眾人做惡不行善而造成。因此，當大甲媽祖出籤表示即將有大災難降臨時，民眾爭相走告大家要多做善事，期望可將大難化為小難，或是將

有難化爲無難，或是自己可躲過災難。廟方也解釋這是媽祖要求信徒多做善事的意思，並非要嚇唬信徒，或引起地區恐慌。

媽祖雖非專司獎懲之神，如雷公劈死惡人，城隍拿算盤計算個人善惡輕重，有關媽祖的各種敘述中也很少看到有媽祖懲罰人的例子，多數的災難事蹟均未提到受難的人是否爲惡人，或是在接受媽祖拯救之後，需要在行爲上更加向善與否等等。似乎媽祖是無條件地拯救落難的人，無論此人之前是善人，無故遭難，或作惡多端，理該落難，也不計較事後此人是否信奉媽祖一心向善。敘述中少了這些事前與事後劇情之鋪陳與交代，似乎減少了此些敘述被做爲宗教教育或佈教之意涵與功能。也可能敘述者目的是要展現媽祖如慈母一般，讓信徒予取予求，即使是惡人也給予改過自新的機會。例如，大家一定有個疑問是，媽祖幫忙鄭成功，也幫助施琅，不知她的政治立場是什麼。當然她是超越人間政治立場的。似乎此些敘述最大目的是要呈現媽祖的能力，媽祖的無所不能，而比較不在意如何藉著受難與救難的故事來勸化人心。尤其是各媽祖廟的神蹟事件，更是強調本廟媽祖之靈驗能力，而非媽祖做爲一個普遍的神之能力，更少在教化人心等宗教教育上用心。

然而如果我們離開比較普及的出版品如各地媽祖廟編印的廟志或簡介，由比較不是那麼普及的一些作品，如《天妃顯聖錄》、《天上聖母經》、《太上老君說天妃救苦靈驗經》來看，倒是有指明出來，災難前與災難後信徒的行爲模式，以及人類爲何要受苦的一些簡單理論。首先，《太上老君說

天妃救苦靈驗經》提到：「自今以後，若有行商坐賈，買賣求財，或農工技藝，種作經營，或行兵布陣，或產難不分，或官非擾聒，或口舌所侵，多諸惱害，或疾病纏綿，無有休息，但能起恭敬心，稱吾名者，及應時孚感，令得所願。」又說「……若有男女，恭敬信禮，稱其名號，或修齋設醮，建置道場，或清淨家庭，或江河水上，轉誦是經一遍，乃至百遍千遍，即得祛陰災難，殄滅邪魔，疾病自瘥……」。指出信徒如果能起恭敬心，稱天妃名，或更慎重地，修齋設醮，誦天妃經，就可得到天妃的救助，而去除任何苦難。

再由《天妃顯聖錄》所列舉的救難敘述中，我們可以看出信徒在災難前後的行為，大約呈現一個固定模式。亦即信徒於苦難中先「詣廟拜禱」、「禱我」、「祀我」、「焚香齋戒，奉符咒」即可得助。得到媽祖救助後，則多「詣廟致祭」、「建廟」、「捐金」、「焚香」、「獻匾」以答謝神恩。為何信徒會受苦呢？由《天妃顯聖錄》的一些字句，如：「為民請命於天」、「（該）信徒仁慈，天妃（因而）代為懺悔」看來，似乎天是一個降苦難的來源，只有透過正確的懺悔才可免除苦難。如果懺悔可以減除苦難，似乎苦難是天對犯錯、犯戒，與做惡者的一個懲罰。

而《天上聖母經》[12]勸男女信徒要學習媽祖的精神，忠孝仁慈，更要經常讀誦聖母經，可以去除人生所可能遭受的各種苦難。經中並引歷史人物如岳飛、文天祥等做為信徒模範

---

12 臺灣坊間流通的《天上聖母經》有數個版本，本文以臺北天后宮印行的版本為例進行討論。此版本根據蔡相輝（1996）考證作者為李開章，書成於日本殖民統治時期，在臺灣流傳很廣。

教忠教孝，引范慎女、緹縈等勉勵婦女守三從四德，等於一部中國傳統道德的教化課本。

一般信徒比較不會接觸這些《天妃顯聖錄》、《天上聖母經》、《太上老君說天妃救苦靈驗經》等作品，而比較會看到廟方出版的簡介。如果透過訪問信徒來回答民間信仰的苦難理論，可能比較難以回答，或比較不成體系。

如果洪水氾濫地震旱災連連，表示有人做惡多端，行差踏錯。災害降臨，神明應聲來救難，表示人該被救，人有行善，只是警告一下。遲不來拯救，就要人人齋戒行善，或由貞節烈婦來帶頭祈求。再不來救難，表示活該被懲罰，應該要接受苦難。反向思考的話，如果風調雨順，國泰民安，那就暗示人人有行善，神明不需要懲罰世間。因此，「風調雨順國泰民安」那麼重要，因為不但生活有著落，人也沒有犯錯感（而非犯罪感），不需自責，人人可以心安理得度日。鹿港民眾在環保布條上寫著「風調雨順國泰民安」，如果成功，表示人人有行善，因而可以得到媽祖幫忙，如果反杜邦不成，表示媽祖不幫忙，側面證明有人沒行善。那麼人人要自省自責不安。請出神明作證或作保，就要有道德負擔，人人要確保自己是值得神明幫忙，或保佑的人，自己的行為符合神明的教訓。因此請出神明做抗爭時，行動力更強，因為是直達人之內心，牽涉人的自我道德審查。

災難降臨有多重涵意，一是犯錯或做惡受罰，身體接受苦痛，二是行善不夠，要更加行善，心靈要更淨化。三是考驗試探信徒是否對媽祖信心堅定。這大約是一般民間信仰的受苦或災難的意義。值得我們再討論的是第三項在民間信仰

中比較少被強調。大甲媽祖沒保佑不去進香信徒的傳說，並不牽涉到善惡判準，而是純信仰的意義。去進香表示信媽祖，不去進香表示不信媽祖，信仰本身做為一個判準，與神維持一個固定信仰，眞誠信仰的關係，成為一個人是否受苦的判準，是很少在民間信仰上出現的[13]。一般信徒總以為苦難來時，反省自身是否犯錯做惡，很少反省自身信仰堅定與否。

民間信仰或更具體地說，媽祖信仰有入世與出世兩部分：入世部分大約以一個道德善惡標準做為人受苦難的基本原因，加上一個具有懲罰裁決來源的天，要求信徒遵守道德規範，做一個社會人。出世部分要求人人可成神或仙，要求信徒學習媽祖也可成仙佛，如《聖母經》所言：「欲學我，勿延遲，肯回頭，到岸堤」、「聖仙佛、任君為、遵吾教、聽吾辭」。因此要堅定信仰，是否有信仰本身也做為苦難降身的一個原因，也成為媽祖是否來救難的判準。

四、結論

在本章的導論第二節，有關理論背景的說明中，我們知道人類學家與歐洲傳統宗教學界的研究重心不同的是，宗教

---

13 民間信仰是多神信仰，因此很少出現此種信仰純粹的要求。多數民眾不去此神明之進香，可能去參加彼神明之進香，而得到彼神明之庇祐。因此，此一傳說可以有兩個引申意義：1.祭祀圈內之信徒有非常之責任義務，要參加主神進香，明白宣示祭祀圈之約束力。2.大甲媽正處於與其他鄰近媽祖威力之競爭比賽中，不准許祭祀圈內之信徒去參加別的媽祖的進香，如果要進香，一定要參加大甲媽祖的。

學喜歡從教義信仰思想層面下手研究宗教，而人類學則喜歡從儀式或說行為層面著手，研究一個民族的宗教信仰。人類學家認為儀式的保守性強過信仰的保守性，經常是思想信仰已經變遷了，但是儀式仍然遵守古早的一套，行禮如儀。

因此，人類學家認為儀式可以透露文化的一些核心觀念，尤其是重要的抗拒改變的一些文化觀念。本章以筆者自己的一些田野材料加上大量其他學者專家對臺灣各地媽祖廟之敘述出發，發現由臺灣移墾初期的媽祖信仰以及信徒對媽祖救難形象的敘述。

到如今 20 世紀信徒面臨臺灣新的社區性災難時，如地震、環境汙染、或挑戰公權力時，信徒仍然呼求媽祖保佑，仍然以媽祖為集體意識的文化象徵。但是對媽祖的形象已經逐漸脫離早期具象物質敘述，而走向一種比較精神以及道德層面的敘述，尤其近年的發展逐漸走向全臺灣，甚至全人類的一種大愛與慈悲救世的敘述，不完全能解釋為受到近年臺灣佛教盛行之影響。

只是由臺灣幾個重要媽祖廟之轉型結果來看，筆者以為媽祖信仰有了一些轉變應該是無疑的。然而儀式上似乎仍然保持明末《天妃顯聖錄》上所說的「詣廟拜禱」「禱我」「焚香齋戒，奉符咒」「獻匾」「修齋設醮」「誦天妃經」等等儀式。

即使連進香儀式也同樣沒大的更動，據鎮瀾宮信徒稱進香已經有百年歷史。但是我們從這幾年進香敘述之變動與爭議，如由北港進香轉往新港進香，甚而轉往湄州進香，知道信仰敘述上已經不是當年的進香敘述了，但是進香儀式仍然如期舉行。

參考書目

1. 大甲鎮瀾宮管理委員會，1974《大甲鎮瀾宮志》。臺中縣大甲鎮：鎮瀾宮。

2. 王見川、李世偉，2000《臺灣媽祖廟閱覽》。臺北：博揚文化。

3. 石萬壽，2000《臺灣的媽祖信仰》。臺北：臺原出版社。

4. 臺北縣文獻委員會。1960《臺北縣志‧卷七‧民俗志》。臺北：臺北縣文獻委員會。

5. 江燦騰。1997〈媽祖信仰與法律裁判——以增田福太郎的研究爲中心。〉刊於《媽祖信仰國際學術研討會論文集》，財團法人北港朝天宮董事會、臺灣省文獻委員會編輯，頁417-428。雲林縣北港鎮：財團法人北港朝天宮董事會。

6. 何明鎗，1994《雲林縣北港鎮朝天宮》。刊於《臺灣廟宇文化大系：天上聖母》，魏淑貞總編輯，頁114-119。臺北：自立晚報社文化出版部。

7. 吳增煌，1994《臺北縣淡水鎮福佑宮》。刊於《臺灣廟宇文化大系：天上聖母》，魏淑貞總編輯，頁42-45。臺北：自立晚報社文化出版部。

8. 林秀幸，1997〈重建鄉村社群：新港文教基金會的成立背景與組織探討〉。《思與言》35(3):87-118。

9. 林秀幸，1998〈民間力量與政治結構的辯證關係：以新港文教基金會的地方經營爲例〉。《思與言》36(2):213-252。

10. 林明峪，1988《媽祖傳說》。臺北：東門出版社。

11. 林美容、方美玲，1999〈臺中縣新社鄉九庄媽的信仰形態〉。刊於《中臺灣鄉土文化學術研討會論文集》，行政院文化建設委員會主辦，臺中市政府文化局承辦，頁 363-390。臺中：臺中市政府文化局。

12. 花逸文，1987〈鹿港人的歌還沒唱完〉。《新新聞週刊》2:32-35。

13. 鹿耳門天后，1997《臺灣之門：鹿耳門天后宮文化手冊》。臺南：鹿耳門天后宮。

14. 張力雁，1987〈到臺北流血，回高雄索債〉。《新新聞週刊》33:59-61。

15. 張珣，2003《文化媽祖：臺灣媽祖信仰研究論文集》。臺北：中央研究院民族學研究所出版。

16. 張曉春，1987〈神權力與公權力比高低〉。《新新聞週刊》3:45-47。

17. 陳免，1994《北市關渡宮》。刊於《臺灣廟宇文化大系：天上聖母，魏淑貞總編輯》，頁 40-41。臺北：自立晚報社文化出版部。

18. 陳茂松，1994《嘉義縣朴子市配天宮》。刊於《臺灣廟宇文化大系：天上聖母》，魏淑貞總編輯，頁 122-123。臺北：自立晚報社文化出版部。

19. 曾華璧，1995〈一九七〇年代《中國論壇》有關環境主題論述之歷史意義〉。思與言 33(4):1-28。

20. 曾華璧，1998〈一九七〇年代臺灣資源保育主義之發展：以政府角色為主之研究〉。《思與言》36(3):61-104。

21. 黃雅慧，1987〈民間宗教與民間抗議運動〉。《臺灣風物》

37(1):82-83。

22. 楊淑媛，1994《桃園縣中壢市仁海宮》。刊於《臺灣廟宇文化大系：天上聖母》，魏淑貞總編輯，頁 60-61。臺北：自立晚報社文化出版部。

23. 葉智中，1994《臺中市樂成宮》。刊於《臺灣廟宇文化大系：天上聖母》，魏淑貞總編輯，頁 100-103。臺北：自立晚報社文化出版部。

24. 廖錦清，1994《太平鄉聖和宮》。刊於《臺灣廟宇文化大系：天上聖母》，魏淑貞總編輯，頁 82-83。臺北：自立晚報社文化出版部。

25. 劉嘉仁，2001《金包里媽祖》。金山：臺北縣鄉土文化協會。

26. 鄭欽龍，1994〈環保議題的專家決策與公眾選擇〉。《思與言》32(4):：51-62。

27. 蔡相煇，1996〈臺灣地區流傳有關天上聖母媽祖的幾種經典〉。《空大人文學報》5：111-128。

28. Douglas, Mary, and Aaron Wildavsky，1982 Risk and Culture: An Essay on the Selection of Technical and Environmental Dangers. Berkeley, CA: University of California Press.

29. Ochs, E., and Lisa Capps，1996Narrating the Self. Annual Review of Anthropology25:19-43.

30. Weber, Max，1963 The Sociology of Religion. Boston: Beacon Press.

31. Weller, Robert P.，1999Alternate Civilities: Democracy and Culture in China and Taiwan.

32. Boulder:Westview Press. ，Weller, Robert, and Hsin-huang Michael Hsiao，1998 Culture, Gender and Community in Taiwan's Environmental Movement. *In* EnvironmentalMovements in Asia.A. Kalland and G. Persoon,eds. Pp.83-109. Richmond, Surrey: Curzon.

下篇

新視野透視下
的多面向海神蘇王爺

伍

下篇導論

蔡淑慧

一、對於本主題的相關解說動機與問題意識

在本書此一部分，所要解說的另一種王爺海神，是在當代臺灣島嶼與福建金門地區，仍然存在的「水陸守護神崇拜」。也就是指：清代水師特殊守護神崇拜的「蘇王爺」傳統信仰。

直到現代，此一另類的「蘇王爺」仍在金門與臺灣兩地，被當地民眾供奉信仰，儘管兩地的熱絡與冷清的情況，形成強烈的對比。為何會如此？當中的歷史變革又是什麼？

當然，這當中是有產生相應的變革與現代的轉型過程，並且在金門地區與臺灣地區，又呈現各不相同的信仰面貌。所以本書此一部分的詮釋主題，正是一種獨特型存在的海神王爺類型「蘇王爺」信仰。

亦即，我們之所以選擇金門「蘇王爺」的傳統變革，來進行相關的探討和解說，主要是想了解：如果一般百姓的傳統民間信仰是處於軍事基地管轄區內的民間信仰，其信仰型態與非軍事基地轄區內的百姓的傳統民間信仰，是否有所不同？

因為，處在重要軍事基地轄區內行動規範，是被高強度要求並貫徹，除非一般百姓的傳統民間信仰型態或其相關活動，確實能夠順從或充分因應此高強度的規範性活動原則，否則是會遭到排除或阻撓。[1]

1　其理由不難理解，因為，對於軍事地區行動規範支配性的主導權，是掌握在

而由金門「蘇王爺」信仰的傳統變革觀察，正好可以了解清代金門水師特有的「蘇王爺」信仰，及其派遣在臺灣幾處水師班兵的主神供奉情況和其信仰活動的內涵；以及臺灣割讓給日本（1895 年）和清代帝制結束（1911 年）後，金門和臺灣又歷經 1945 年和 1949 年兩次大變革、及長期戰地政務下的金門「蘇王爺」信仰的傳統變革。乃至當今海峽兩岸，已從強烈隔離意識，轉變為現今兩岸密切交流之下，而此一特殊的金門「蘇王爺」信仰的新型態又是如何？

　　我們之所以特別關心，並實際加以深入探索，主要是認為從當中的歷史變革與擴散現象，可以很明顯的看出其中具有長期性的變動規律，因而使得原先在金門做為不同時期和不同政權之下的重要軍事基地，一旦發生相關環境上新型變革或其在功能性有所調整之後，它又將會帶來對金門「蘇王爺」信仰在型態上如何衝擊與變革？

　　所以，本書此一部分，所以會選擇金門「蘇王爺」信仰的傳統變革做為詮釋的主題，即為考慮到其最初信仰的發祥地——金門地區的歷史環境特殊性，主要是其曾幾度作為兩岸相互敵對、和其統治管轄下的——長期存有不同類型的重要軍事基地有關。

　　當然，在另一方面，此一軍事基地的範圍，雖講求高強度規律性，卻仍無法完全排除轄區內的民眾生活——相對於此種軍民雜處的社會型態，便可能面臨兩者的生活與行動相

軍方和相關官僚統治系統，因而，除非支配性主導權出現新的功能性考量與軍民互動之間逐漸有了新的定位和活動範圍及行為模式的調整，否則原有處在重要軍事基地轄區內的行動規範是還會被高強度要求貫徹實行的。

互重疊的模糊地帶——因而，作爲金門重要信仰中心之一的金門「蘇王爺」傳統信仰的存在或其擴散與其相應發展，即是本書此一部分最初考慮的解說動機。

$$* \quad * \quad *$$

其次是，在金門當地的各類民間信仰活動中——例如城隍爺、媽祖等祭典活動——所看到的金門一般民眾，對於這些宗教活動雖頗爲熱絡，特別是其中城隍爺誕辰出巡對於整個金門尤其是金城鎮的人，更是視爲信仰的年度大事。因而，相對來說，特殊海神「蘇王爺」的信仰活動，雖不似城隍爺誕辰那樣浩大熱鬧，不過仍爲金門人所重視的一個祭祀活動。

但是，若能就金門在清代水師建置時期的、早期金門海神「蘇王爺」的特有信仰活動，來加以考量的話，顯然，更能顯現其中所具有特色及其擴散性——從清代金門到當代臺灣地區——因爲出現在當代，所謂「金門的城隍爺誕辰出巡」，對於整個金門尤其是金城鎮的人，雖然視爲信仰的年度大事，卻與「臺灣地區的城隍爺誕辰出巡」，無直接關聯性和重大影響。

反之，目前供奉在金門新頭聚落伍德宮的海神「蘇王爺」，在清代金門水師建置時期，曾是鄰近金門水師基地和派駐臺灣地區總部的「水師領航員」，所以也隨著派駐臺灣地區的班兵及其特有的「水師領航員信仰」，一併移防到臺灣的安平、鹿港、艋舺這三處的「金門會館」內供奉。

因此，比起前述的「金門的城隍爺誕辰出巡」僅能影響

金門當地來說，後者（金門海神「蘇王爺」的信仰活動和影響）顯然是更具有特色和擴散性。

所以，本書此一部分，擬就金門在清代水師建置時期的早期金門海神「蘇王爺」的特有信仰現象，進行相關歷史文獻的新觀察和從新角度——**具有水師領航員性質的「蘇王爺」主神供奉，而非具有「瘟神」性質的「蘇王爺」信仰**——切入的新詮釋建構。

二、對於當代現有各類「王爺」信仰論述主張的回顧與相關批評

根據上述，本書此一部分的主題，是要從新角度——**具有水師領航員性質的「蘇王爺」主神供奉，而非具有「瘟神」性質的「蘇王爺」信仰**——切入的新詮釋建構。可是，前提是先行檢視過去的研究成果，確認當中並無與本書此一部分現有主題論述性質與定位的先行研究者。

因此，對於在本書之前，現有學界曾對各類「王爺」信仰所發表過的相關解說，就有必要進行實質的相關回顧與提出批評。否則，沒有比較或兩相對照，就難以確認本書此一部分的新主題解說，是奠基於嚴謹的學術文獻證據而提出的。

事實上，近代以來，直到臺灣當代，我們若考察各種有代表性的「王爺」信仰或其儀式活動的相關學界解說的話，我們可以發現，雖已有如下的重要成果值得參考，但也存在著明顯的缺陷：亦即全部都沒有列入類似本書此一部分的主題「從新角度——**具有水師領航員性質的「蘇王爺」主神供**

奉，而非具有「瘟神」性質的「蘇王爺」信仰 —— 切入的新詮釋建構」。例如：

1. 是**劉枝萬曾在 1963 年發表**〈臺灣之瘟神信仰〉**一文**。此文劉枝萬是延續前島信次 1938 年在〈臺灣瘟疫神王爺及其送瘟風俗之相關解說〉一文之見解，但更擴充爲「瘟神演化六階段」之說明。

亦即劉氏主張：第一階段是「疫鬼本身」性質之負面「瘟神」，第二階段是已提升爲能剋除「疫鬼」的類似降福善神性質之「取締瘟神」，第三階段是作爲保護航海平安之類似海神的「瘟神」，第四階段是化身爲能治疫的「醫神瘟神」，第五階段是能保境安民的「保安瘟神」，第六階段更是成爲全方功能的「萬能瘟神」。[2]

但此說，是沒有任何單一田野個案「瘟神王爺」是按此六階段循序發展的。

亦即，他只是將同時存在且不同性質的諸多王爺，匯歸爲同性質的「瘟神王爺」在不同六階段的「瘟神王爺演進史」。其中的第三階段之類似海神的「瘟神」說，雖與本書此一部分論述的對象有關，卻與本書此一部分論述的個案迥然不同。因爲「金門水師的蘇王爺」三種早期傳說，根本不存在有任何「瘟神」性質。

2. 除了以上述劉氏對於臺灣本島的王爺相關解說外，還有**黃有興著《澎湖的民間信仰》（臺北：臺原出版社，**

2　劉枝萬此文原載〈臺灣省立博物館刊學年刊〉第 6 卷（1963），其後又收入劉枝萬，《臺灣民間信仰論集》（臺北：聯經出版社，1983），頁 225-234。

1992）一書，**最具代表性**。因其書中關於臺灣「王爺」各家傳說和學界歷年來的不同性質認定等，黃氏在其書中都有最清楚和扼要的回顧說明，是歷來關於王爺相關解說史最佳的導論之一。

其最特出的相關解說成果，是關於澎湖王爺的迎送儀式之詳盡田野說明，其精確、細緻和完整的鋪陳介紹，是典範性的高度成就。讀者不但可以藉以了解與金門王爺崇拜儀式有關的深入說明，並且也可據以判斷金門「蘇王爺」的不同性質之所在。

3. 此外，與王爺祭祀儀式有關的送王、送王船、除疫等習俗的相關解說，**李豐楙在〈東港王船和瘟與送王習俗之相關解說〉**一文中，曾提到：「在臺灣中、南部的信仰習俗中以請王送瘟較為盛大，它原本是祖籍濱海地區的舊俗，又因應臺灣本地的特殊環境，經歷兩、三百年的發展、衍變，而成為具有本地色彩的造船送王、送瘟的習俗。」[3] 所以，在「瘟神王爺」的崇拜儀式之一，即包括送王船等活動。

可是，由於金門地區伍德宮的「蘇王爺」祭典科儀中並沒有送王船等活動，可見「蘇王爺」並非屬於「瘟神王爺」的崇拜。

4. 另外，**顏芳姿於 1993 年提出的〈鹿港王爺信仰的發展形態〉**碩士論文，是一力作。雖然其文中的重點在：社群背景、社會組織和儀式行為三個向度，說明定點駐守的王爺信仰是

3　李豐楙，〈東方宗教研究──東港王船和瘟與送王習俗之研究〉，《國立藝術學院傳統藝術研究中心》新第三期：（1993 年 10 月），頁 229-259。

屬於地域守護神的形態，相關的儀式具體地表現民間「境」的觀念——這個區域社會，人們透過定期、非常時期驅除鬼祟的行動繁複地清理境內，獲得生存、生活和生命的平安。

因此，顏芳姿認為：鹿港王爺信仰的儀式，由閭山法主派眾小法與地方鎮護神明配合，複合驅邪除煞的紅頭法事而完成境內防禦部署和清淨。安營即民間按照自然循環之終始，對於聚落安危所作的年度部署。拜散魂在鬼月輪普結束後進行，目的在於押送滯留境內的遊魂。暗訪則是因應聚落危機所舉行的強制性儀式，對象是驅除侵入境內的邪魔惡鬼。民間劃分人群所在的聚落為境內，對於侵擾境內、造成地方不靖（靜？）的鬼祟，民間慣用祈請地方守護神進行巡境拿鬼、送祟出境的儀式，以使鬼祟無法為亂人間。其治鬼逐祟的作法，目的在於人鬼各歸其位，重建境內的和諧。

但是，這正好用來對比鹿港金門會館「蘇王爺」與其之不同特色之所在。

鹿港是個文化及宗教重鎮，透過鹿港的王爺信仰習俗，可以對照出「蘇王爺」確實不同於其他系統的「蘇王爺」。

5. **康豹教授的《臺灣的王爺信仰》（臺北：商鼎出版社，1997）**一書，已是享譽學界多年的王爺相關解說名著。特別是其書中的〈臺灣王爺信仰相關解說的回顧與展望〉一文，更是詳盡的相關解說史說明。[4]

但是，康豹所主張的「王爺」為「厲鬼說」，[5] 沒有將王

4　此文後來收入江燦騰、張珣合編，《臺灣本土宗教研究的新視野和新思維》（臺北：南天書局有限公司，2003），頁 143-174。

5　康豹，〈屏東縣東港鎮的迎王祭典：臺灣瘟神與王爺信仰之分析〉，《中央

爺「功能海神」說的性質，涵蓋在王爺各種神格說法裡。

6.又，在學位論文的探討方面，除了上述的顏芳姿的碩士論文之外，在2001年元月，由**陳宏田提出的〈臺南地區王爺信仰相關解說：兼論城鄉差異〉**，主要在探討臺南地區王爺信仰，包括「王爺」祀神及王船祭典活動的城鄉差異。

他首先對相關解說區內城鄉間略作分區，界定城鄉分野。再對「王爺」祀神進行歸類，並試尋王爺與王船信仰的源流及演進。對於臺南地區的王爺廟，他則依各類調查與紀錄了解其歷史分布，亦比較其城鄉間之差異。在近三年各宮廟的醮典活動中，進行訪查所得之各項結果，以之與既有認知相互檢證。

此外，他亦針對王船醮典的各分項作業流程一一分列，俾能更清楚各細項活動概況。其中，另以永康大灣聖巡代天宮庚辰科七朝王醮為例，觀察地方角頭廟，也是臺灣光復後才有的王醮活動其舉辦過程及其與境內地方公廟及各角頭廟的互動情形。最後，他也訪查城市地區王船信仰宮廟相關活動概況，以之與鄉庄地區王船信仰相互比較其間差異。

因此，陳宏田認為：在王爺祀神的歸類分析中，王爺種類龐雜，角色有時亦具多元性，非僅只「瘟神」、「厲鬼」、「鄭王」等既有定義，而是包含十二瘟王之「特稱王爺」、五福大帝及五府王爺及部分諸府王爺之「通稱王爺」。

此外，亦包括聖王王爺、尊稱王爺等「泛稱王爺」，另亦包括自然神王爺、王爺帝號、帝級王爺及部分待昇王爺等

研究院民族學研究所集刊》第70期：（1991年3月），頁95-211。

之「廣稱王爺」，如此方可將浩瀚的王爺祀神適當分類。

因此，他提到：王爺祀神的城鄉差異上，可發現城市地區航海神、拓土神、職能神及祖先、聖賢王爺神比例較高於鄉庄地區，鄉庄地區則敗軍死將的待昇王爺及類似樹靈信仰的庶物崇拜之自然神王爺的比例較高，反映出鄉庄地區原始宗教信仰成分遠高於城市地區。

此外，城鄉間王爺祀神比例差異最大者為五府王爺，他認為此乃鄉庄地區來自不同祖籍移墾的先民，為尋求全庄共同的精神寄託，由原本「血緣認同」轉化為「地緣認同」所內涵的象徵意義。然而上述不論是相關解說文獻還是論文，皆將「蘇王爺」神格屬性歸為瘟神，並沒有討論到「蘇王爺」為海神性質。[6]

7. 另外，其他相關解說文獻的探討，有關「金門王爺信仰」的相關解說，目前只有兩篇碩士論文，第一篇是由**林麗寬於 2001 年 12 月提出的〈金門王爺民間信仰傳說之相關解說〉**。

此文是由林麗寬的〈金門王爺信仰〉一文擴大的。[7]在此文中，其文獻的相關解說回顧，雖相當簡單，但在其內文中，對於各種金門王爺傳說的形成、王爺信仰的特殊性、金門王爺廟之分布及其神祇與神格、金門王爺信仰的相關儀式等，都有一定程度的介紹，可以說是關於金門王爺信仰相關解說

6　陳宏田，〈臺南地區王爺信仰研究：兼論城鄉差異〉，（臺南：臺南師範學院鄉土文化研究所碩士論文，2002 年）。

7　林麗寬，〈金門王爺信仰〉，財團法人施合鄭民俗文化基金會等合辦「金門歷史、文化與生態國際學術研討會」之宣讀論文。

的奠基之作。

不過，其中關於「蘇王爺」來歷的三種傳說：一、蘇永盛說。二、蘇碧雲說。三、蘇緘說。她雖反駁了李秀娥在〈鹿港北投奉天宮蘇府王爺信仰相關解說〉一文中對於「蘇王爺」是蘇緘的論斷，[8] 卻未將蘇碧雲即是「蘇王爺」納入考慮；而是依《金門縣志》的觀點，採用「蘇王爺」是蘇永盛之說。[9]

而我們認為「蘇王爺」不論是蘇緘，或是蘇永盛，其實都沒提到彼等與水師有關的記載。尤其是蘇緘之說，蘇緘是宋代人，在時間點及其事蹟都與「蘇王爺」無關。

因此，應該將「蘇王爺」是蘇碧雲，也納入其來歷的傳說中，才是較恰當的。

8. 因此，其後，第二篇的相關碩士論文，即 2005 年 7 月**翁志廷的〈金門蘇王爺信仰之相關解說〉**，便依照林麗寬的論斷，來鋪陳「蘇王爺」是「蘇永盛」相關的事蹟。[10] 這與金門縣志的記載有些不同之處，而且並沒有提到「蘇王爺」是屬於何種神格。[11] 我們認為，這是有重大缺陷之處。

然而，由於翁志廷的〈金門蘇王爺信仰之相關解說〉，

---

8 李秀娥，是引用《金門昭德宮蘇府四千歲沿革》的看法，見其〈鹿港北投奉天宮蘇府王爺信仰研究〉，發表於中央研究院中國文哲所籌備處主辦，「道教、民間信仰與民間文化研討會」1995 年 4 月 28-29。

9 金門縣政府編，《金門縣志》（金門：金門縣政府，1991，增修版），頁489。

10 不過，翁志廷新引用了張榮強著的《金門人文探索》（金門：金門縣政府，1996），頁 6，並提出蘇提督墨文之說，但未採納。

11 莊礐岩〈清代新頭伍德宮蘇王爺信仰的傳播〉，《金門季刊》第 57 期：2004及卓克華〈鹿港金門館——一座清代班兵伙館的新發現〉，《新世紀宗教研究第二卷》第三期：2004，約略提到蘇王爺為水神，但未詳述。

的確是歷來最先對於臺灣各地（艋舺、鹿港、安平）的「金門會館」與金門「蘇王爺」信仰，做第一手田野初步相關解說的學術探索者，[12] 所以具有擴大視野和開拓新領域的重要貢獻，能使後來者能方便接續相關解說相關問題。對於他的此一學術貢獻，我們當然是很肯定他的治學業績。

三、對於相關文獻的新解和新認定概述

究竟本書此一部分對於「海神蘇王爺」信仰之相關文獻記載或田野證據的確認和解讀，又是如何確認與清代金門水師信仰特性相近的「海神蘇王爺」信仰之文獻記載或田野證據呢？

首先，我們在現有金門地區和臺灣本地的各種「蘇王爺」信仰中，可以根據周煌所寫《琉球國志略》一書的附錄裡，趙新著《續琉球國志略》中曾提到：

> 臣等謹案：琉球自通貢以來，靡不仰藉神庥；歷蒙佑助，得以往來無滯。（中略）臣等查詢閩省弁兵，據云：「神蘇姓、名碧雲，係福建同安縣人，生於明季天啓年間。……晚年移居海島，洞悉海道情形；海船均蒙指引平安。歿後，於海面屢著靈異；兵商各船，均祀香火。每歲閩省……，俱獲安全」。此次副屢叨護佑，可否援

12　莊覺岩的〈清代新頭伍德宮蘇王爺信仰的傳播〉論文雖先發表，但說明簡單，直到其後的翁志廷研究，才詳加調查。

照海神之例，一併頒給匾額，用答神麻？尋得旨允行。[13]

　　由上述來證明：有關金門水師供奉的「蘇王爺」傳說中，直接與具體地和其類似海神功能的官方確認文獻記載有關，並有其被清代官方正式敕封爲「正神」的有力說法。由此可知，「蘇王爺」並非瘟神性質的王爺。這是我們首先應該重視的一點。

　　換言之，不論在金門地區或是在臺灣地區，雖然是同爲「蘇王爺」的主神崇祀，其實質內涵，卻是完全不同的性質。

　　特別是，金門縣金湖鎮新頭伍德宮內所供奉的「蘇王爺」，毫無「瘟神」的背景（據新頭陳金鑫法師口述，金城昭德宮裡原本所供奉的「蘇王爺」是從新頭伍德宮分香過去的，這說法與金門縣志第一卷宗教篇記載同），也非陸地崛起的靈異之神。此由上引趙新著《續琉球國志略》中，即可獲清楚的證明。

　　所以，我們可以說，除了金門水師在金門縣金湖鎮新頭伍德宮內所供奉的「蘇王爺」曾受到朝廷的正式敕封之外，其餘的「蘇王爺」都是在民間中自行流傳和供奉的變形陰神，[14] 而非官方承認的「正神」。

13　周煌，《臺灣文獻史料叢刊第三輯——琉球國志略·附錄》，（臺北，臺灣大通，年不詳），頁335-336。

14　在臺灣或金門的各種「王爺信仰」主神供奉，一般學界認爲祂是屬於民間信仰中的「雜神」系統，不一定有特定的崇祀「對象」。因而祂的其他稱呼，還有許多種，例如「王爺公」、「千歲」、「千歲爺」、「大人」、「老爺」、「瘟王」、「代天巡狩」等。

亦即，此種情況的出現，也意味著，雖然「王爺」同樣還在天公的管轄下，但其職務與神能，也同樣可具備了軍事海上功能神的角色；[15] 所以，無可置疑地，祂正是扮演了金門水師所最需要的「海上領航員」性質的「功能海神」的職務與功能。

　　再者，除了清代金門水師在金門縣金湖鎮新頭伍德宮內所供奉的「蘇王爺」曾受到朝廷的正式敕封之外，縱使同為金門地區的其他「蘇王爺」信仰、乃至由其移民帶至澎湖地區的原金門地區的非金湖鎮新頭伍德宮內，所供奉的「蘇王爺」主神信仰，都一概是屬於「瘟神」性質的「非正神」信仰。

　　所以，本節擬以各相關文獻，做為其具體證據如下：

　　1. 首先，以余光弘所著《媽宮的寺廟》（臺北：中央研究院民族學研究所，1988）一書來說，他曾提到：「臺灣寺廟中，曾以『館』為廟名者，並不見於媽宮，當然在安平、艋舺、鹿港也都有類似的伙館，但除了鹿港的金門館外，均與清代班兵毫無關聯，唯一幾乎完全一致的說法就是『館』是用來稱較小的廟。」[16] 既然與班兵無關，即與水師無關，所以，澎湖當地並無來自金門金湖鎮新頭伍德宮的「蘇王爺」分靈之供奉。

　　2. 再者，從余光弘與黃有興兩者編纂的《續修澎湖縣志·卷十二宗教志》裡，也同樣提到：「澎湖的蘇府王爺共有三間，馬公鎮海靈殿，創設於道光十七年（1837年）、白沙鄉

15　石弘毅，《王爺信仰的歷史意義》，歷史月刊 4 月號，（1995），頁 4-13。
16　余光弘，《媽宮的寺廟—馬公市鎮發展與民間宗教變遷之研究》，（臺北，中央研究院民族研究所，1988），頁 74。

鳳儀宮，創設於乾隆年間、望安鄉中廟宮，建於乾隆二十七年（1762年）。」[17] 從創設的年代言，與「蘇王爺」無關。此與余光弘所提到的，除了鹿港外的金門館，其餘與清代班兵毫無關係之論述不謀而合。

3. 又，至於有關福建同安縣小嶝的「蘇王爺」，根據大陸當代學者顏立水在〈小嶝與金門的蘇王爺〉的相關解說一文中提到：「（前略）蘇碧雲由人變神是當時航運的需要。媽祖是海上總保護神，凡涉水者皆受庇護。蘇碧雲生前即有豐富的航運知識和經驗，又經常指引平安，卒後成為船家的行業神，這也符合中國民眾造神的習慣，與木匠供奉魯班、釀酒供奉杜康，演戲供奉雷海青的道理一樣。而從蘇王爺的香火，又可以看出清代同安海運之繁榮和造船業的發達……」。[18]

可見這和金門縣金湖鎮新頭伍德宮的「蘇王爺」，是同一性質的。正如福建的媽祖信仰，是和當地的水手航運需求有關，因此，媽祖的神明屬性，是先有海神的功能之存在，而後才贏得官方的承認和有後續的屢次提高神格之舉。

4. 另外，由趙新著《續琉球國志略》中可知祂毫無「瘟神」的背景，我們已可知道金門縣金湖鎮新頭伍德宮內所供奉的「蘇王爺」，一開始並非由陸地崛起之神。

5. 而目前我們根據「伍德宮」委員陳清南的說法來看，他也同樣指出：一切跟金門縣金湖鎮新頭伍德宮內所供奉有

17　余光弘、黃有興，《續修澎湖縣志・卷十二宗教志》，（澎湖馬公：澎湖縣政府，2005），頁10-14。

18　顏立水，〈小嶝與金門的蘇王爺〉，http://www.xiangan.gov.cn/zjxa/wszl/200808/t20080810_3631.htm

關「蘇王爺」的文獻資料裡，都無記載有關此一「蘇王爺」曾有送瘟或燒王船的儀式活動。而且據陳金鑫法師說法，蘇王爺的信仰儀式從他的阿公時代至今並沒有改變。**從只存於在水師官方崇祀到轉爲民間信仰供奉，儀式過程中沒有跟瘟神相似的儀式，正好可以說明：金門縣金湖鎮新頭伍德宮內所供奉的「蘇王爺」，確是不同於一般性的「蘇王爺」。**

這正好證明，本書此一部分所採取的新觀察角度，是有堅強的歷史文獻根據和大量的田野相關儀式資料的佐證，可以認爲下述的論述主張，是非常正確的。

亦即，清代金門水師在金門縣金湖鎮新頭伍德宮內，所供奉的「蘇王爺」主神，除了曾受到朝廷的正式敕封，祂在清代也隨著水師，從金門移防到臺灣地區，以保佑金門水師能一路海上平安。

換言之，祂正是本書此一部分所要探討的主題：金門水師所最需要的「海上領航員」性質的「功能海神」及其後續的時代轉型發展。

所以，在相關解說上，就必須集中在與「功能海神」相關的背景論述或其相關發展與後續轉型的探討。**如此一來，在解釋上，是有別於戰亂冤魂、王權易主或瘟疫作祟等，傳統的各類「王爺」來歷之解釋。**

由於金門縣金湖鎮新頭伍德宮內所供奉的「蘇王爺」神格，是類似海神媽祖的特殊「王爺」性格。所以，相對其他性質之「蘇王爺」信仰型態，本相關解說可以更集中地對其信仰傳播史和變革史，進行其長期發展的觀察與不同於其他「蘇王爺」信仰型態之相互比較。

而且，透過本書此一部分以上對於前人文獻相關解說之回顧與檢討，多少可以釐清本相關解說的方向，且嘗試以新王爺的獨特性和新類型做爲往後在相關解說上的進一步思考。因此，對於以下後續的相關解說方向，也在此略微逐一說明：

　　以金門的「蘇王爺」信仰及其宗教傳播的歷史現象，視爲「海上領航員」的「功能海神」性質，並作爲清代金門水師特有的神明崇拜。

　　由於歷來的各種「王爺」定義，都忽略了「王爺」的宗教性格是有「陰神」和「陽神」之分。亦即，以朝廷天子的認定和許可爲分水嶺，有朝廷天子認定和許可的稱爲「正神」或「陽神」，未被朝廷認定的稱爲「邪神」、「陰神」或「淫祀」。因而，清代金門水師的「蘇王爺」崇祀，如非經過朝廷天子認定和許可的話，便是違法濫祀，亦即是不可能被允許和長期公然存在的。所以，根據這一國家律令原則，我們在定義金門水師的「蘇王爺」相關來歷的各種傳說時，首先要觀察的是：究竟哪種是曾被官方認定和許可的？

　　水師的守護神，最重要的就是能提供航海時的安全保證，因此能指引航路以避免觸礁和慘遭滅頂是其「功能神」之所以被珍視和長期供奉的主要誘因。反之，若時代改變、環境不同，並導致「金門水師」的瓦解或轉型，則此「功能神」的作用和被需求，大爲降低或無迫切性，則此「功能神」的原有崇祀熱情也將消散或荒涼。

　　順此思考邏輯，在金門地區這樣的軍事基地管轄區內的「蘇王爺」信仰，其信仰型態在由人崇拜變成神崇拜的過程，所出現的追認與冊封程序，很類似發生在之前海神媽祖的狀

況，亦即此兩者皆是由國家官方認可而被封敕成爲正神。因此這是與瘟神王爺的厲鬼特性全然不同的信仰崇拜。而這也是我們所要探索的方向，在下面的章節裡，將會探討「蘇王爺」的祭典科儀和瘟神王爺及不同系統的「蘇王爺」科儀不同之處，並與同爲海神性質的媽祖做類比，以彰顯「蘇王爺」特別之處及其在清代與現今金門、臺灣鹿港、安平、艋舺在科儀活動上有何變革？

陸

清代金門水師
與金門「蘇王爺」崇拜
的相關說明

蔡淑慧

一、金門水師建構與金門「蘇王爺」崇拜的淵源

清代金門總兵署和金門水師的建置

　　有關金門水師方面的資料不多，在明季設水師標於金門所，出汛至澎湖而止，水道亦有七更。[1] 其中提到：洪武初年（1368 年），立保障法，鹽竈戶丁率 10 丁為 1 戶，9 年抽軍，……後池顯方，議轉衝鋒之師，以守金門，革衝鋒之領，以歸欽總。到 1681 年，原設的援勦右鎮總兵官，改為金門鎮總兵官。[2]

　　從目前已被列為 3 級古蹟的金門清代總兵署而言，在金城是個重要的地標，很難不被注意到。而以歷史的觀點來看，它是明萬曆年間（1572-1620 年）「會元傳臚」許獬的書齋，名為「叢青軒」。

　　因明鄭時期（1661-1683 年）海盜猖獗，崇禎末，曾被海寇李魁奇攻陷，金門城因此衰退；再加上 1662 年，為對抗明鄭而行「遷界」，讓金門城的重要性不再。於是康熙年間，金門鎮總兵陳龍，以金門所城墜城毀舍，遷民於內地，人煙稀少，因後浦人丁旺盛，海道既深且隱。

　　而後浦早在明代嘉靖年間，鄉民便自築堡壘，以禦倭寇。

1　趙良驤，《臺灣省通志稿卷三政事志防戍篇》，（臺北：臺灣省文獻委員會編纂組，1961），頁 60。
2　林焜熿，《金門志》，臺灣文獻史料叢刊第二輯，（臺北：臺灣大通書局，1960），頁 78-80。

故，幾經策畫，於 1682 年將總兵署從金門城遷移至後浦，就「叢青軒」加以改建，水師官兵因為信奉「蘇王爺」，故而，在總兵署旁的觀德堂（舊稱，為商會的舊址，現改為昭德宮），才成為當時設殿供奉的最佳場所。

亦即，此一觀德堂，為前清代內校場的知閱操廳，也是當時水師營兵原來駐紮之地。

1916 年經商會購買，建為會所，1953 年為縣政府所在地，1968 年歸還給商會。之後，將平房翻建為樓房，1978 年改建迄今。所以現今，此一觀德堂仍在商會樓上。

再者，自南明（1644-1662 年）開始，金門成為明鄭與清兵的戰場。因為戰禍連連，使得不論是官方或民眾，都有了海防的意識及防禦觀念。[3]

然而，清代官方鑑於歷年來反清及倭寇的侵擾，便在金門設立水師總兵，駐防在金門城（原明朝千戶所）。這也是金門為何被納入清代水師海防體系的原因。清金門鎮總兵署位於金門縣金城鎮浯江街 53 號，即金門後浦東門。

金門鎮總兵署原位於金門所城，現存的總兵署，為四進兩廊式的四合院建築，規劃後的總兵署，各間展示內容各有配置，而與清代水師有關的展示間，則是內宅右次間，是清代水師任務展示，西耳房則是清代水師兵器展示，西將裨廳展示的是清代水師戰船。

此一總兵署，歷經明、清到民國，又數度是金門最高行

3　Medusa，松濤史學論壇－聚落與海防的歷史探討 (1368-1931)，以金門得月樓為例，（2011 年） http://www.ncu.edu.tw/~hi/Forum/subjectdisplay.php?fid=7&tid=28

政機關所在的衙門，實具有其特殊的歷史意義。它是臺閩地區格局保存最完整的總兵署，1992 年 11 月經金門縣政府公告為三級古蹟，整體建築物保持得相當完整及維護得甚為新穎，是觀光客到金門必遊的觀光景點。

清代金門水師的守護神「蘇王爺」崇拜現象溯源

由於「蘇王爺」在清代即是在海運上指引小船行船平安，到保佑清代官兵到琉球出使安全歸來。因此，在早期清代水師移防調撥，認為祂有禦寇護航的功能，就變成水師的保護神，金門金湖鎮新頭伍德宮裡供奉的蘇王爺，是金門水師官兵的重要信仰。

清乾隆五十一年（西元 1786 年）清廷為剿臺灣林爽文之亂，徵調各省軍需至福建供用。同年八月，福建試用知縣王履吉，押解糧食、火藥赴淡水，船行未久，即遇狂風巨浪，觸礁沉沒，損失重大。當時奉調臺灣的金門水師，便將金城昭德宮蘇王爺請上赴臺的船隻，一路平安抵達。

同年，因為屢傳赴臺的清軍船隻裂沉於海上，更令金門水師官兵對蘇王爺的信仰，堅信不移。[4] 而有關伍德宮的建廟歷史，其重建引《誌》如下（據陳金鑫法師敘述，重建引《誌》內容為鄉老陳清南個人的看法）：

伍德宮又稱為浯德宮，宮座壬向丙兼亥巳，分金丁亥丁巳。宮中奉祀蘇、邱、梁、秦、蔡，唐陳淵任浯洲牧馬監，

4　〈清軍守護神蘇王爺〉，2011.7.21，http://blog.udn.com/jsnsir/3068576

參謀蘇永盛同來，與邱、梁、秦、蔡將軍結金蘭，輔陳淵開發浯島，化荒墟，爲樂土。陳淵治浯豐功昇尚書令，蘇將軍等調兵部，後謚蘇千歲，昇天爲玉皇前衛將軍。

明倭夷内侵，沿海居民受焚掠之苦，遍野哀嚎。是時，玉皇降旨，五位神明下凡，化身樟木一大塊，漂來吾島新頭海墘，樟木光芒四射，靈氣璀璨。漁民爭觀稱奇，突然樟木發出萬到金光直達天庭。漁民再視，顯出五尊神像，記蘇將軍爲玉皇駕前主理判官下凡新頭開基，保國佑民。居民依神像雕刻五尊神明，建伍德宮奉祀，並示聖誕日。

又，關於「蘇王爺」英靈顯赫的傳說事蹟，在「伍德宮」重建引誌碑文裡，除了記載林爽文事件外，還有其他不同年代的傳說，雖然傳說未必有考證，但卻可以更加凸顯「蘇王爺」在信眾心中的靈驗性：

1. 1659 年，鄭成功駐金廈，在浯島伐木造船，1661 年渡海來臺，水師恭請蘇大王隨船，助鄭驅逐荷蘭，光復臺灣。

2. 1682 年，清福建水師提督施琅奉旨安撫臺、澎，派部將恭請蘇大王、二王、三王爺，隨水師護軍登陸澎湖，順利撫平臺、澎。

3. 1852 年，廈門一帶會匪，傾眾來犯浯州，神先乩示，令各戒備，蘇府四王爺屢次靈蹟，賊果大敗，而被俘虜者稱：在海上見沿海兵馬甚多，故賊務氣奪，果以致敗。

除了在「伍德宮」所記載的傳說外，有關近代「蘇王爺」

神蹟顯赫的記載比較有可信度的，則由汪輝龍先生口述，大約在 1991 年後，尋找一位不假離營的弟兄，在一次「雷霆演習」中，全島傾巢而出，全營弟兄一字排開，以地毯式搜尋數遍，一無所獲。

後來，還是經「蘇王爺」開示後，在離營區僅約 150 公尺左右，草叢堆內的涵洞找到離營的弟兄。[5]

我們經由以上傳說事蹟，可見，清代水師的守護神「蘇王爺」對於官方多所助益，因而多次被朝廷敕封。

由此亦可說明「蘇王爺」並非區域神或家族神，而是具有海神性質且由「陰神」轉變爲「正神」的「功能神」。

金門有句俗話說：「萬事也著人，也著神。」在當時航海技術及船隻的設備尚未發達之際，清代水師在艱困征戰中，官兵的性命在大海中載浮載沉，對於生命的無常與忐忑，也只能寄予於宗教信仰，盼能從神靈中得到保護及平安，但能像金門水師所供奉的「蘇王爺」隨軍守護神，且能伴著軍旅在臺灣三地（鹿港、艋舺、安平）落地生根，並衍成區域信仰或鄉誼聯絡中心的，誠屬少見！

宋代以來，朝廷往往通過賜額或賜號方式，把某些比較流行的民間信仰納入國家信仰（即正祀信仰系統），這反映了國家與民間社會在文化資源上的互動共享：一方面是特定的士紳通過請求朝廷將地方神納入國家神統而提升區域性的地位，有利於本地區的利益；另一方面即是國家通過賜額或

5　翁志廷，《金門蘇王爺之信仰研究》，銘傳大學應用中國文學系碩士在職專班論文，2005，頁 97-98。

賜號把地方神連同其信眾一起「收編」，有利於進行社會控制。[6]

又，在從有關近代中央祭祀政策的變遷來看，在朱海濱著《祭祀政策民間信仰變遷—近代浙江民間信仰相關解說》裡，亦提到：「宋時期對祠廟、神靈的加封、賜額政策是屬於爵位制度，而元是繼承宋的制度並膨脹擴充，1368 年以後，則是奉行原理主義（即是加封受爵但悖離原有的制度），中期在 1506 年左右，奉行原理主義復活並毀壞淫祠活動，弘治初年（1487 年以後）到嘉靖中期（約 1536 年左右），中央王朝對神靈及其祠廟進行加封、賜額的現象基本是消聲匿跡了。」[7]

但自明代萬曆中期（約 1588 年左右）以來，對民間神靈進行敕封的現象又開始活躍起來，直到清末，原理主義祭祀政策幾乎是有名無實了。

明末至清代，從理念上而言，依然重視傳統的儒教祭祀觀，即重視人格神生前的義行事蹟。因此，基本上中央王朝對民間祭祀的態度，基本上可以說是延續萬曆中期以來的加封、賜額政策。

尤其是道光年間以來，屢屢可見中央王朝對佛教、道教神靈甚至自然神進行加封。趙世瑜的論述說明了宋以來的祭祀政策，及朱海濱的從宋到清代朝廷對於祭祀政策的轉變論

6　趙世瑜，《小歷史與大歷史—區域社會史的理念、方法與實踐》，（北京：生活·讀書·新知三聯書店，2006），11 月初版，頁 200。

7　朱海濱，《祭祀政策與民間信仰變遷——近世浙江民間信仰研究》，（上海：復旦大學出版社，2008），頁 4-14。

述，也許可以為「蘇王爺」為何可以存在於官方水師崇祀的理由最佳證明處。

二、金門伍德宮「蘇王爺」神格認知

根據上述的引述內容與官編的《金門縣志第一卷宗教篇》兩者之間，有關「蘇王爺」的文獻記載不同是：有關當代金門伍德宮「蘇王爺」神格的認知歧異關鍵點。同時，也涉及到本書此一部分與林麗寬和翁志廷兩者相關解說角度不一致的核心之處。所以有必要對此一認知歧異的現象，進行必要檢討。

以下就有關「蘇王爺」的文獻、論文等記載做檢討，期盼對於認知上的歧異現象能更加明瞭及釐清。

A.《金門縣志第一卷宗教篇》中有關「蘇王爺」的文獻記載：「蘇王爺為清代水師營兵供奉於內校場觀德堂之神。後有營兵移防臺灣鹿港，隨營將蘇王爺神像帶去，……。今鹿港有金門會館，……。又臺南安平、臺北艋舺各有金門館，亦清營兵移防時自觀德堂乞求香火隨往奉祀者。舊志云：『神屢著靈異，……。其祖廟在新頭，兩營官兵奉之甚謹。又云：相傳神係隨牧馬王陳淵來者，然浯洲見聞錄謂同淵來者十二姓，獨無蘇姓。』俗傳神名蘇永盛，係出乩巫之口，文獻無徵，不足信也。」[8]

8　金門縣政府，《金門縣志（一）》，（金門：金門文化局，1992），初版，頁488-489。

「蘇王爺」是清代水師的守護神，應該與水道有關。且，根據趙新的「出使琉球還，爲神請加封號」之說，也表示與航海有關。

　　B. 還有顏立水在《小嶝與金門蘇王爺》一文中，也證明了：蘇王爺的正確姓名，爲蘇碧雲，且是功能海神。

　　由此我們可以推論，原先在《金門縣志第一卷宗教篇》所提到「獨無蘇姓，俗傳神名蘇永盛」之說，沒有說服力，不足採信。

　　再者，雖然楊樹清在所著《金門田野檔案》一書中，敘述：「唐貞元，牧馬陳淵率十二姓（蔡、許、翁、李、張、黃、王、呂、劉、洪、林、蕭）拓墾浯洲，據傳耕稼隊伍中有位蘇永盛將軍，後被清代營兵奉爲蘇王爺，並隨水師移防臺灣安平、鹿港、艋舺，因而有金門館的建立。」[9]

＊　＊　＊

　　根據上述，可確知「蘇王爺」是隨著水師的移防到臺灣的安平、鹿港、艋舺三地，因而有金門館的建立，這點是成立的。

　　但「蘇王爺」即是蘇永盛之說（即唐代開元恩主牧馬陳淵之參謀。因輔佐陳淵開發金門孤島，倡文治，嚴五備。但因時有海盜出沒，屢敗海盜，又興建水利，且勤政愛民，功績卓越，浯洲人民感念其恩澤，乃建廟奉祀，署名「伍德

9　楊樹清，《金門田野檔案》，（金門：金門縣政府，2001）。

宮」），讓人質疑。

因楊樹清並未提到蘇永盛，有沒有受到朝廷的敕封；只交代後被清代營兵，奉為蘇王爺，如此說明不夠明確。其次，陳淵率十二姓裡，並沒有蘇姓。因此，「蘇王爺」即是蘇永盛之說，很難成立。

因為，本書此一部分所探討的「蘇王爺」是隨著水師移防到臺灣，其神格屬於海神，且是官方允許並由朝廷敕封而轉為正神。

這也是「蘇王爺」與一般有瘟神性質的「蘇王爺」不同之處。而且，在清代不是信仰自由的社會，不可能供奉瘟神。因此，更可為「蘇王爺」極可能不具有瘟神性質的說法，提供一個有力的證明。

2. 江柏煒所著《海外金門會館調查實錄—馬來西亞篇》中提到：「巴生城是馬來西亞聚集最多金門人的地方，也是出現金門人會館最早的地方。在文獻資料裡記載的會館有1909年興建的巴生金浯江館、1920年的浮羅吉膽的浯江會館、1931年的巴生港口金浯嶼公會（伍德宮，供奉蘇府為首的六姓王爺），後者是金門新頭人陳德地在1937年帶來蘇王爺在其住處前供奉。」[10]

為何在巴生三個會館裡不同的王爺，只有蘇王爺是被供奉在港口，這可成為「蘇王爺」有可能是水神性質的一個有力證明。

---

10 江柏煒，《海外金門會館調查實錄—馬來西亞篇》，（金門：金門縣文化局，2007），頁76-81。

3. 林麗寬於 2001 年 12 月提出的〈金門王爺民間信仰傳
說之相關解說〉（中國文化大學中國文學研究所碩士論文）。[11]
此文是由林麗寬的〈金門王爺信仰〉一文擴大的。在此文中
關於「蘇王爺」來歷的三種傳說：（1）蘇永盛說。（2）蘇
碧雲說。（3）蘇緘說。

　　她雖反駁了李秀娥在〈鹿港北投奉天宮蘇府王爺信仰相
關解說〉一文中，[12] 對於「蘇王爺」是蘇緘的論斷，卻未將蘇
碧雲即是「蘇王爺」納入考慮，而是依《金門縣志》的觀點，
採用「蘇王爺」是蘇永盛之說 [13]。

　　可是，這論點是值得商榷的。[14] 因為，未考慮到水師移防
所崇拜的神，是否有可能或肯定是功能海神。

　　4. 2005 年 7 月翁志廷的〈金門蘇王爺信仰之研究〉（銘
傳大學應用中國文學研究所碩士論文），便依照林麗寬的論
斷來鋪陳「蘇王爺」是「蘇永盛」相關的事蹟。[15]

　　但是，根據余光弘所著《媽宮的寺廟》一書裡提到：「當
時駐防澎湖的清兵，均撥自水師提標這個大單位……，雖然

11　林麗寬，《金門王爺信仰》，財團法人師合鄭民俗文化基金會等合辦「金門
　　歷史、文化與生態國際學術研討會」之宣讀論文。

12　李秀娥，是引用《金門昭德宮蘇府四千歲沿革》的看法，見其〈鹿港北投奉
　　天宮蘇府王爺信仰研究〉，發表於中央研究院中國文哲所籌備處主辦，「道
　　教、民間信仰與民間文化研討會」1995 年 4 月頁 28-29。

13　金門縣政府編，《金門縣志》（金門：金門縣政府，1991，增修版），頁
　　489。

14　此處的疑慮，是指為何非具海神功能的蘇永盛，能成為金門水師的正式供奉
　　之神？

15　翁志廷新引用了張榮強著的《金門人文探索》，（金門：金門縣政府，
　　1996），頁 6，並提出蘇提督墨文之說，但未採納。

金門館未見於媽宮……，但安平、鹿港、艋舺的各金門館，其建始的目的無疑和媽宮的清兵伙館並無不同……」。[16]

此為「蘇王爺」是「蘇永盛」之說提出反證。因金門縣志裡並沒有提到「蘇永盛」，與水師有任何關係的有力說明。

以上林麗寬及翁志廷的論述，雖然出現在本書此一部分相關解說回顧及此處，但我們對此兩者討論的要點有其不同之處，一是蘇王爺的來歷，二是蘇王爺神格性質。在文獻記載或是論文相關解說，不論是主張「蘇王爺」是蘇緘、蘇永盛抑或蘇碧雲之說，若真要定論蘇王爺的身分，[17]個人覺得「蘇碧雲」之說可性度較高。

因為，既然是清代水師供奉之神，應該與水道有關，且據金門新頭陳金鑫法師口述，據沙美鎮的鄉老曾說過以前萬安堂（裡頭供奉從新頭分香過去的蘇王爺）有塊木刻的對聯，上頭寫著：蘇碧雲。

但，後來因為萬安堂要重建，那塊木刻對聯不翼而飛，而主張採蘇緘之說。據黃成助所著《同安縣志》中曾提到邑人將蘇緘與同死者祀於忠義廟。[18]雖同安與金門距離頗近，但卻與清代水師毫無相關，且沒記載是否有被朝廷敕封。

所以，不論是《金門縣志》，或是楊樹清所著的《金門田野檔案》裡，對於「蘇王爺」其人之說法，認為是地方民

---

16 余光弘，《媽宮的寺廟——馬公市鎮發展與民間宗教變遷之研究》，（臺北：中央研究院民族學研究所，1988），頁 56-75。

17 卓克華在其〈鹿港金門館一座清代班兵伙館的新發現〉一文中也持「蘇王爺」即是蘇碧雲的看法。

18 黃成助，《同安縣志》，（臺北：成文出版社，1967），頁 1098-1100。

眾之言，抑或是據傳，且最重要的是，其據傳之說皆與海洋
水道無關。

柒

清代金門水師的移防臺灣
與「蘇王爺」的來臺發展

蔡淑慧

一、清代金門水師移防臺灣安平與駐地伍德宮的建立

清代金門水師移防臺灣安平

　　清初的海防策略最主要是針對海寇，至鴉片戰爭前並沒有太大的改變，在清康熙二十二年（1683 年），臺灣歸清版籍。次年，清廷爲鞏固臺灣兵備，開始重視臺灣的海防，因此，置臺灣水師協助於安平，轄中、左、右三營，分防各汛，而以安平爲水師重鎮。[1]清代的兵營，在城內者皆在北幹線以北地區，在城外者，有鎮海營、馬兵營及永固金城，在安平有五館，其中規模最大爲閩安館，其次是海山館。後，海山館被張長庚買下，1975 年被臺南市政府收購並於 1985 年規劃爲安平鄉土館，第三爲金門館，最小的爲提標館，[2]建立如此多的提標館。

　　除了給這些從外地來的班兵在海象未安穩尚無法回家鄉之際有棲身之所外，也可以讓這些班兵，從家鄉帶來的神祇，有供奉之地，並可以做爲彼此聯繫感情的場所。

　　又，在《安平區志》裡對於班兵建立提標館的描述：「在康熙二十三年（1684）清朝在安平設水師協標轄中左右三營，

1　李其霖，〈鴉片戰爭前後臺灣水師布署之轉變〉，《臺灣文獻第六十一卷》第三期：（2010），頁 77-81。

2　石萬壽，《臺灣文獻第 28 卷第一期－臺南市古蹟志》，（臺中：臺灣省文獻委員會，1977），頁 92。

其最重要的任務除了海防外，另一項就是防止民變。康熙六十年（1721年）五月時，臺灣發生朱一貴事件，全臺幾乎淪沒，南澳總兵藍廷珍統帥大軍從廈門出發由鹿耳門登陸，十三日，先頭部隊攻陷安平鎮。

據傳，當時安平居民及部隊官兵對登陸的清軍歡迎備至，……不到一個月，就以安平為根據地收復了臺灣府城。……」[3] 由上可知，安平在清代極被重視，是個位居軍事要點且也聚集了不同族群的區域，這也造就了安平擁有豐富的人文色彩及文化的原因之一。

安平「伍德宮」的建立

在清代水師移防到安平時，當時臺灣各營兵士均以班兵輪戍，安平水師班兵為福建水師提標及轄下各鎮、協、營等單位抽調而來，來自同鄉的各營班兵以原屬部隊為名，並奉祀其神祗在安平建立廟館，成為聯絡聚會之所。

當時之班兵建廟館有五：提標館（福建水師班兵所建）、烽火館（福寧鎮烽火門營班兵所建）、海山館（海壇鎮標兵所建）、閩安館（閩安協標班兵所建）、金門館（金門鎮標班兵所建），這五座廟館，合稱為「安平五館」。

這五館主要是清軍水師的活動中心，五館建置之確實年代已難查考，應在安平水師設置後不久。至日本殖民統治臺灣之時，後因逐漸廢弛敗壞，五館的功能也逐漸變質，而終

3　林朝成、鄭水萍編著，《安平區志》，（臺南：安平區公所，1998），頁146-661。

沒落，至圮毀無存。

　　且此安平五館可能不算真正的廟宇或在日本殖民統治時期日本做臺南市寺廟調查前已經毀損殆盡，因此在《臺南市寺廟臺帳》裡沒有金門館任何的記載。[4]

　　即使《臺南市寺廟調查》[5]及《臺南市志》[6]在其安平區裡的寺廟皆未提到金門館，三者書中記載的只有運河路的伍德宮。

　　而安平「伍德宮」的建立，綜合伍德宮建廟沿革、及伍德宮廟公陳德久阿伯的說法，日本殖民統治時代，金門館因地震而傾倒（以臺灣重大地震記載中，1906 年 3 月 17 日臺南發生大地震，震央在白河附近。當時，房屋全倒 1,794 間，房屋損害 10,037 間，死 15 人，傷 84 人）。[7]

　　因此，「蘇王爺」被存放在金龍殿供奉，後來，經「蘇王爺」指示，改放在其姊夫葉金生家中祀奉，接著又經「蘇王爺」指示，改在延平街菜市場文朱殿裡供奉。

　　因為，邀請來行醫救世的客王也姓「蘇」，為了不喧賓奪主，又怕與其他眾神弄混，故以「蘇二王」尊稱。

　　安平當地信徒陳德榮先生因為蘇王爺的庇祐，使其生意

4　臺南廳庶務課，《臺南市寺廟臺帳》，（臺南：臺南廳庶務課，昭和年間初版），頁不詳。

5　林道衡，〈臺南市寺廟調查〉，《臺灣文獻》第 13 卷第三～四期，1962，頁179。

6　王振惠、游醒民，《臺南市志卷二人民志─宗教篇》，（臺南：臺南市政府，1979），頁 84-93。

7　花松村編纂，《臺灣鄉土續誌第一冊》，（臺北：中一出版社，1999），頁736-738。

興隆，因此，謝願買了安平菜市場旁的地蓋了目前在二樓「伍德宮」（1998 年）。從此，「蘇王爺」就一直被供奉在「伍德宮」至今。

二、清代金門水師移防臺灣鹿港駐地金門會館的建立

清代金門水師移防臺灣鹿港

鹿港除了一向以廟宇眾多、宗教氣息濃厚著稱外，早在清康熙 22 年（1683 年），施琅滅明鄭，清正式接管臺灣，並於次年（1684 年）採施琅等人之建議，頒訂三條海禁，限制大陸船隻及人民攜眷來臺，並設水師汛駐防（防戍即有防禦、防護或戍邊、衛戍等意義，臺灣防戍之建制，始於元代），[8] 後改置海防同知、負責稽查船隻盜載禁品貨物。

這顯現出鹿港從以前是個移民及海防的重要地區到目前是個宗教文化及觀光客很喜歡旅遊的鄉鎮，不論是移民、軍事、文化、旅遊，鹿港在歷史上一直是個很重要的據點。因此，在清代所發生規模最大的農民起義事件，也先從彰化起義，因爲農民起義，清朝才趕緊由金門提調水師來臺支援。

而且，當時發生最大的農民起義事件爲林爽文事件，其起因乃爲當時社漳、泉民搆釁焚掠，貪官橫行，林爽文以耕

---

8   趙良驥，《臺灣省通志稿卷三政事志防戍篇》，（臺北：臺灣省文獻委員會編纂組，1961），頁 1-2。

田、趕車爲業，乾隆三十九年（1774年）參加「天地會」，不久成爲臺灣史上規模最大、範圍最廣的農民起義鬥爭，由於當時天地會成了除貪抗清不可小覷的政治勢力。因此，引起清政府的極大關注，在乾隆五十一年十一月（1786年11月）爆發了清代最大的民變，林爽文揭竿起義，林爽文不顧林姓宗親反對，毅然號召百姓剿除貪官，以保民生。

整個事件的最初，彰化陷，署諸羅縣知縣董啓埏、守備郝輝龍遣人赴郡告急，總兵柴大紀獲悉彰化陷，即奏請旨，親自領兵一千四百名由府城北上平亂，另，澎湖右營游擊蔡攀龍也領澎湖營兵七百人至，福建總督常青聞警，飛章告變，調集水陸大兵萬人，於是水師提督黃仕簡領水師金門、銅山兵二千，由廈門出口渡鹿耳門，陸路提督任承恩提標長福、興化兵二千人由蚶江出口渡鹿仔港。[9]

接著，清朝詔命辦大學士嘉勇公福康安，領侍衛巴圖魯，以楚、蜀、粵、黔兵九千至，並由金門提調水師左右兩營來臺支援平亂，歷戰數月，始平。乾隆五十三年（1788年），始以安平水師左營游擊移駐鹿港，協助敉平林爽文。[10] 由金門提調的水師官兵則由「伍德宮」恭請水師的保護神「蘇王爺」神像，隨軍渡海來臺，一路護軍平安由鹿港登陸，由於有感於「蘇王爺」神靈護佑，讓平亂進展順利，隔年乾隆五十二年（1787年）由官兵捐餉建廟立祀，廟名則爲金門會館，迄今廟火逾224年之久。

9　戚嘉林，《臺灣史第二冊》，（臺北：國家圖書館出版品預行編目資料，1985，9月初版），頁62-471。

10　連雅堂，《臺灣通史‧上》，（臺北：黎明文化，1985），頁285。

鹿港金門會館的建立

清代在澎湖、鹿港、安平、艋舺等地建立了不少的會館，雖然其始建的目的都與清兵伙館並無不同，但其中除了澎湖媽宮外，其他三地的現存會館，均已完全融入當地的地方宗教體系中，成爲該第一個角頭的私廟，鹿港金門館更是遠在道光年間即已變成非金門班兵專屬之處，而是不分軍民之金門人共有的「浯江會館」。[11]

林爽文之亂，清朝由金門提調水師來臺，部分水師游擊官兵駐紮在鹿港龍山寺旁之營地，今金門館爲當時辦公署衙，其統領許樂三乃浯江後浦鄉人，爲福康安之幕佐，奉命帥軍鎮守鹿港。

1788 年亂平，許樂三隨著福氏返回大陸。金門會館原爲許樂三所居之宇，初建（1787 年）時，空間狹窄，後，不敷使用（乾隆五十三年安平水師左營游擊移駐鹿港，遂有擴建之必要性），金門人許樂三之子於 1805 年薄賣房舍，改建爲今金門館。

但，卓克華教授在其《鹿港金門館：一座清代班兵伙館的新發現》對於薄賣房舍，改建爲金門館卻有不同的看法：既然薄賣，產權屬於他人，何以能改建這當中難免有挾權之便利成分在。[12]

---

11 余光弘，《媽宮的寺廟—馬公市鎮發展與民間宗教變遷之研究》，（臺北：中央研究院民族學研究所，1988），頁 75。

12 卓克華，〈鹿港金門館：一座清代班兵伙館的新發現〉，《新世紀宗教研究第二卷》第三期：（2004 年），頁 136。

而我們則認為，其中是否有挾權仗勢，往後仍有待釐清，並由全臺水師暨本港船商捐助，（從捐提碑中可得知捐款人除了水師、官兵外，還有商號、船戶）規模始宏，並於道光十二年至十四年（1832-1834年）增闢拜亭左右廂房。在金門會館內有擴大重建之碑記，可惜年代久遠，碑上的字體幾乎無法辨識，我們也曾試著拓印下來。但效果不彰，且怕損及碑記，故沒有繼續拓印。

　　然在「臺灣地區現存碑圖誌彰化篇」裡記載了有關鹿港金門館裡現存的幾塊碑記內容（見附錄一、二、三、四），[13]後在1855年、1908年各修建數次。

　　由重建所捐提的碑記得知，捐題者的身分，有班兵、有烽火營兵、信眾（或商號），從個人或幾個班兵一起，看其所捐題的數目，即可明白當時營兵或信眾大部份收入是微薄的。因為「蘇王爺」並非單一個區域或單一個營兵之人所供奉，所以，才會有不同的官兵（班兵、烽火營兵）及民人願意捐獻修建，即使生活條件不是那麼優渥。而當初設金門館乃為解決水師營兵的食宿及駐紮問題（以金門班兵為主）。

　　因此，為與不是金門籍的一般民眾區隔，自為成一個以金門館為中心的活動區域，附近的聚落是具有海軍眷屬性質的村落（因為不是宗族移民或經濟性移民，故地域性比較強），故，祭祀圈範圍也比較小，信眾原大都為金門籍（金門街一帶），後，卻因為移出者眾多，今由龍山寺後面約30

13　國立中央圖書館臺灣分館編印，《臺灣地區現存碑碣圖誌彰化篇》，（臺北：國立中央圖書館臺灣分館，1997），頁152-160。

戶人家供奉（不全是金門籍），信徒相對減少，金門館從「人群廟」性質轉為「角頭廟」。[14] 我們當初訪談時為假日，但也只有少數遊客進入，顯現出金門館內香火的衰弱。

在日本領有臺灣殖民地之後，在後期武官總督時代（1937-1945）即強調「工業化、皇民化與南進」政策，於是開始整廢臺人寺廟、偶像，強迫人民參拜神道神社。同時，規定所有家庭需供奉日本伊勢神宮的大麻，整廢後的全臺寺廟總數在短短的 6 年內從 3,043 座銳減為 2,327 座。[15] 除了日本殖民時代政治因素外，再加上因年久失修，廟貌及香火逐趨頹廢。

戰後，有鹿港鎮善信曾捐款略事修葺。據林聯益副主委口述，至 1975 年組織管理委卓神保發動重修，奔走募捐，因財力有限，現僅修復正殿、廂房，若欲恢復舊觀，則端賴各地信仰民眾大力贊助。

因 1989 年文建會委託東海大學張勝彥教授進行調查相關解說，1994 由漢光建築師事務所設計，進行修復工程。如今鹿港的金門會館整個外觀建築及內部構造，顏色鮮豔少有斑駁的痕跡。除了碑記外，其他還算新穎，維持相當良好。

綜合金門館林聯益副主委口述及卓克華所著《寺廟與臺灣開發史》[16] 的資料，將金門館修建時間表整理如下：

14　卓克華，〈鹿港金門館：一座清代班兵伙館的新發現〉，《新世紀宗教研究第二卷》第三期：（2004 年），頁 136-177。

15　戚嘉林，《臺灣史第四冊》，（臺北：國家圖書館，1985），頁 1620-1629。

16　卓克華，《寺廟與臺灣開發史》，（臺北：揚智文化出版社，2006），頁 46。

表5 鹿港金門會館修建時間表

時間	發起人或倡議人	重修（修復）原因	資金來源
1. 嘉慶十一年（1805年）	許樂三命其遺子薄賣房舍改建整修為金門館	空間狹窄，不敷水師使用	許樂三
2. 道光十一年（1831年）	發起人鹿港游擊溫兆鳳（有意重修，但未成）	年久失修	仕紳
3. 道光十二年至道光十四年（1832年~1834年）	倡議人鹿港左營游擊劉光彩	年久失修垣墉傾圮	仕紳
4. 咸豐五年（1855年）		修繕廟旁邊室	水師軍隊、商號
5. 明治四十一年（光緒戊申年）（1908年）	管理人郭文獻	局部受損	
6. 民國六十一年（1972年）	廟方	漏水、屋頂破損	金門籍信徒及附近居民
7. 民國六十四年（1975年）	管理人卓神保（但資金不足，只完成部分修復）	正殿、廟房、前殿受損	金門籍信徒及附近居民
8. 民國八十三年（1994年）	文建會	修復	政府
9. 民國八十八年（1999年）	金門館主委林永成	安座慶典	信徒
10. 民國八十九年九月一日（2000年）	縣政府	列為縣定古蹟	

三、清代金門水師移防臺灣艋舺與駐地金門會館的建立

清代金門水師移防臺灣艋舺

在 1786 年，林爽文事件，隔年大學士福康安奉命來臺平亂，由水師官兵最先由鹿港登陸。因為恭請護軍有功的「蘇王爺」也隨著水師移防到臺北艋舺，坐落在此艋舺地區的金門館，原由金門人所建，是臺北地區唯一從金門供奉來的廟宇兼同鄉會館。

而該館早年亦供清兵朝拜之用，鄰近的龍山國中即為當時艋舺清兵軍營所在之處，在龍山國中校門口圍牆旁有塊臺北文獻委員會所立的石碑，記載了當時清代水師艋舺營駐紮的狀況（見附錄六）。

除此之外，據中華日報曾於 1984 年登刊〈臺灣奇廟誌異——金門館蘇府千歲〉一文，[17] 在該文末段記載：「座落萬華——艋舺地區的金門館原由金門人所建，是臺北唯一從金門供奉來的神明廟兼同鄉會館，同時該館早期供清兵朝拜之用。附近的龍山國中即為昔艋舺清兵軍營所在可為佐證」。此可證明當時水師，駐紮在目前的龍山國中。

17　郭聖王爐下，〈臺北艋舺金門館簡介〉，2011.9.21，http://tw.myblog.yahoo.com/jw!Ld7H2PeRHBMpbzBhmLW4/article?mid=2485&next=2473&l=f&fid=32

金門會館的建立

臺灣三地的金門館（伍德宮）建立的緣起都不一樣，而艋舺金門館的建立，根據訪談及文獻資料共有三種說法如下：

據金門會館的王家媳婦表示，其曾祖父王士仁當初是供奉「蘇王爺」神像跟著水師來臺，至於為何王家會供奉「蘇王爺」，並未聽祖父談起。且後來曾祖父回金門，留下曾祖母和孩子在臺灣。當時水師駐紮在現在龍山國中那裡，圍牆外還有塊石碑說明了當時水師駐紮的情況。到了 1857 年使築祠公祀。

日本殖民統治時代（1898 年），日本將其收回建警官學校。因此，金門館遷於附近天橋蓮花池旁。

1903 年恰值「蘇王爺」誕辰（農曆 4 月 12 日），「蘇王爺」忽化身到街上購買祭典物品。俟成交後，忽失其蹤影，而所收的銀錢，皆變為金銀紙。嗣後王氏於神座前尋獲方才街上所購祭典用品的失物，遂流傳神有其靈驗，於是信眾聚資重建，隔年而成。[18]

1906 年又被徵收建艋舺公學校（據老松國小校史記載：1895 年建立臺灣總督府國語學校第二附屬學校，位於艋舺學海書院內，1945 年改為老松國民學校。1968 年更名為老松國民小學），[19] 於是又遷於今之地址（臺北市廣州街 81 巷 4 弄

---

18 默哲在其《金門館蘇府千歲奇妙誌異》裡也有類似的描述，但不知其資料來源為何？又其所謂的金門館是王家的金門館還是金復興社的金門館？

19 臺北市立老松國小，〈校史簡介〉，2012.5.8，http://web.tlsps.tp.edu.tw/enable2007/modules/tinyd/index.php?id=1

1號），占地不大。目前由第四代王來蓮先生奉祀，裡頭主祠蘇、邱、梁、秦、蔡五位王爺。

金門館屋頂之前是瓦片建造，1983年重修並將屋頂增添龍鳳水泥雕刻，1984年舉辦平安醮慶祝重修金門館，1999年，「921大地震」因為屋頂的水泥雕刻材質太重了，而造成傾斜、漏水，直到2001年才改成鐵片屋頂。

此外，根據《臺灣歲時小百科》記載：「臺灣的金門館是由金門的王氏人家移奉來臺，最初僅祀王家，及至光緒某年間王爺化身成人至市街購買祭典用品及建材若干，成交的時候，王爺忽然失去蹤影，商家所收到的金錢也變成金紙，所購的物品更是神奇的跑到王爺神像前，經王氏人家擲筊請示後，謂需建廟奉祀，乃集資建『金門館』祀奉。」[20]

嘉慶13年（一說15年），改淡水都司為水師游擊，兼管陸路，移駐艋舺。[21]道光三年，經閩浙總督行文鎮道府會議，上府兵才改由督協或福協點驗，合閩安協酌撥福寧，烽火閩安諸營水師哨船配載，有不敷，令福防同知封僱，商船協載，均由五虎門竟渡八里坌登岸，由艋舺參將點驗，分收各營……（見《福建通志臺灣府兵制志》）。

又據金門縣清代林焜熿《浯江見聞錄》載：「嘉慶16年（1811年）左右二營（金門水師），各裁戰兵11名，守兵13名，撥戍臺灣之艋舺。故艋舺水師營之調駐，已早於建館

---

20 劉還月，《臺灣歲時小百科上冊——協和臺灣叢刊6》，（臺北：臺原出版社，1994），頁292。

21 趙良驤，《臺灣省通志稿卷三政事志防戍篇》，（臺北：臺灣省文獻委員會編纂組，1961），頁15。

（廟）前 48 年，在這段時間裡，因乏經濟力，只設臨時供奉神位，王氏先輩可能就是清軍所設專門供奉負責人，一直到咸豐七年，當時金門商賈已多，才協助其建立廟宇，並作金門館之用。」[22]

以上有關艋舺「金門會館」建立的說法，王家媳婦的說法和《臺灣歲時小百科》記載比較接近相似，不論是哪種說法，在那樣物資維艱的年代，靠著信仰者的熱誠集資微薄的貢獻建立而成，實屬不易。

目前，金門館懸掛的匾額之一，有塊金復興社送來的「代天巡狩」的匾額，王家不想懸掛，但，又礙於情面，所以，不得不掛。「蘇王爺」並沒有出巡等活動，有時候會因為信仰者的認知而讓後人對「蘇王爺」的神格性質產生誤解。

從以上的解說，我們可以清楚了解：「蘇王爺」一開始即與一般「王爺」有著很大的差異，祂不是瘟神屬鬼，而是航道者的守護神，後，隨著清代水師的移防到臺灣，最早就是被供奉在船上，因為水師登陸臺灣，因而，擴散三地建立了金門館或伍德宮（綜合三地金門館或伍德宮的建立將其經過整理，見附錄六），使得「蘇王爺」在臺灣可以安定下來，讓信仰者供奉在固定的地方，也因為歷史的演變，使得早期清代水師供奉「蘇王爺」的崇拜現象在臺灣擴散開並流傳下來，甚至是隨著時代的更迭，讓信仰著者也有了異於以往的固定族群及祭祀圈範圍。

---

22 郭聖王爐下，〈臺北艋舺金門館簡介〉，2011.9.21，http://tw.myblog.yahoo.com/jw!Ld7H2PeRHBMpbzBhmLW4/article?mid=2485&next=2473&l=f&fid=32

因為，從清代水師比較單純的崇拜活動，到目前金門新頭和臺灣三地的「蘇王爺」祭典科儀，也因水師的逐漸沒落（信仰者族群的改變或外移）和地區的不同及複製當地的儀式，甚至可能會因為單一信仰被排擠，而融入當地角頭廟的儀式活動，或因為人為關係（政治、經濟等因素），都讓「蘇王爺」的儀式有了變革。

　　因而，這些變革會不會永久持續保留下來。也許，會因為後代子孫及當時社會狀況的不同，也有所增減而起變化。

捌

金門與駐臺三地「蘇王爺」
的信仰儀式及變革

蔡淑慧

一、金門「蘇王爺」的崇拜儀式及變革

金門「蘇王爺」的崇拜儀式

　　新頭伍德宮「蘇王爺」在金門，業已成為信仰者的守護神了。

　　在那個以天為大、環境艱困、對死亡充滿恐懼的年代，信仰者對「蘇王爺」的仰賴也被強化了。又因水師移防臺灣，在航海技術不發達的年代，對於航行於廣闊無際又充滿險惡的大海，希冀平安抵達的祈願，更讓「蘇王爺」在水師心中顯得無比重要。

　　而因先民對普遍存在於自然界的神靈，多有所求及畏懼崇敬，必須透過一些儀式過程祈福求平安。在此情況下，原先的祭典儀式再加上隨著移民移入的民間傳說，以及臺灣三地（鹿港、艋舺、安平）當地的風俗民情，很容易由「血緣、姓氏認同」逐漸轉變為「地域認同」，產生了崇拜儀式變革。

　　以下就金門和臺灣三地「蘇王爺」的崇拜儀式及其變革做討論。而首先，我們針對祖廟金門「蘇王爺」的崇拜儀式，提出一些必要的扼要解說。

＊　　＊　　＊

　　冷戰時期位於九龍江口的金門，是臺灣的軍事重地，島內實施戰地政務，金門與外界聯繫往往受到很嚴格的限制與

規定。

　　因此，金門才得以保持很完整的閩南聚落建築群、民俗祭典及豐富的人文樣貌。這些在人民的生活中留下深刻的印記且祖先保留下來的珍貴「遺產」讓後代子孫得以擁有豐厚精彩的美麗傳統。尤其是對於祭典儀式及風俗相當重視且獨特完整。

　　新頭「伍德宮」是金門民間信仰中，少見的開基祖廟型的信仰，其信仰圈分布十分廣泛。除金門多座廟宇主祀或陪祀蘇府或五府王爺外（以蘇王爺為主神的宮廟有九座，陪祀或附祀蘇王爺的宮廟有二十三座，然何時分香的，有些已不可考），[1]「但，由此可見，蘇王爺在金門人的信仰中占有重要的地位，因為，在金門王爺被分香到如此多宮廟為主祀或陪祀的並不多見，包括臺灣、大陸，甚至南洋多處廟宇，皆以伍德宮為祖廟。」

　　根據 2010 年 5 月 25 日金門日報記者張建騰在金門金湖的報導：鄉老陳清南的表示，臺灣的安平金門館、鹿港金門館、艋舺金門館，大陸的惠安縣象崙伍德宮、惠安縣崇武鎮大乍村伍德宮、晉江市東石鎮萬德殿、南安市水頭村下貝護龍宮、馬來西亞巴生港金浯嶼伍德宮等皆是，而據陳金鑫法師的說法與鄉老陳清南是一致的，大陸廟宇是由新頭「伍德宮」分香過去的。至於何時分香，並不清楚。

　　顏立水提到早期的小嶝居民：「自宋到清八百多年，金

1　翁志廷，〈金門蘇王爺之信仰研究〉，銘傳大學應用中國文學系碩士在職專班論文，2005，頁119-140。

門屬同安縣轄地，[2] 且就疆界而言，之前金門合烈嶼、大小嶝群島爲一縣……」，[3] 會到金門附近海面捕魚或到金門做生意，在當時航海技術不發達的年代，爲了能在行船時平安往返，故從新頭「伍德宮」恭請「蘇王爺」的分身回到小嶝建英靈殿奉祀。而，新頭「伍德宮」曾在民國九十四年農曆四月初九、初十兩天舉行擴建落成（數度修建——見附錄八）及主祀蘇府王爺回殿安座大典，當時從新頭祖廟分祀的信徒也都回宮慶祝誕辰，這些信徒分別來自福建惠安大祚、象崙及晉江等地。

　　2010 年蘇王爺誕辰祭典在 5 月 24 日（農曆 4 月 11 日），爲期兩天，請閭山派法師，還有六姓府乩身（91 歲）及蘇王爺乩身（76 歲）來做科儀，並邀請歌仔戲團演戲酬神，信徒無不誠心的拈香跪拜，祈求全境順利，居民健康、平安、事業順利，而其祭典儀式繁複且細微，從早上到晚上，從廟宇到聚落及聚落外圍，爲期兩天的祭典活動，據當地人陳金鑫法師的談述，[4] 祭典儀式的概況如下：

2　顏立水，《金門與同安》，（新北市：稻田出版有限公司，1998），頁 2。
3　金門縣政府，《金門縣志》，（金門：金門縣政府，1992），頁 224。
4　陳金鑫法師：自己是承襲爺爺的閭山派，因為頭上綁紅巾，而稱為紅頭，紅頭專職吉祥法事（早期紅頭也有司職殯喪，但因為科儀繁複，很多法師一知半解，或學不專精，因此就整個科儀無法傳承下來，後來的紅頭專職吉祥法事），像廟會慶典等，正一派的則是烏頭法師戴黑帽，專司殯葬科儀，但在金門，因為經濟的因素，所以很多法師幾乎吉事或喪事（科儀沒有早期那麼繁瑣）科儀都做，已經沒像以前分得那麼清楚了。

表6 金門新頭伍德宮祭典科儀概況

科儀順序	意義
第一天科儀活動：	
1. 起鼓	科儀的開始。由打鼓者先燒一張金紙繞著鼓一圈後，即打鼓及吹奏大鼓吹。
2. 鬧壇	古樂演奏。由鈸、嗩吶、鼓、小銅鑼等通神樂器吹奏古樂，由鄉老點香並準備供品祭祀。
3. 發奏	上奏天庭，告知今日蘇王爺聖誕千秋。
4. 請神	由法師邊搖帝鐘邊恭誦經文，在儀式中道士以左手托淨水缽，以右手取榕枝沾法水來灑淨，或是用口含淨水噴出來清淨壇場，避免崇邪干擾道場，恭請天地眾神鑑壇。
5. 太上老君科儀	由法師一邊搖著帝鐘一邊恭誦經文，後改換敲鈸並恭誦經文。
6. 十一曜妙經	由法師邊敲鐃鈸（有時會換成帝鐘）邊恭誦經文，意爲上消天災，下攘毒害，以度兆民。
7. 東斗妙經	由法師邊敲鐃鈸（有時會換成帝鐘）邊恭誦經文。意爲消災添祥氣。
8. 放兵科儀	加持軍隊放兵軍將並持敕令駐守五方。先由法師持帝鐘及淨水缽念咒，其間法師會吹龍角（又稱爲號角、靈角，招神驅邪之意）並持法鞭（又稱爲法索，有驅逐惡靈、鞭撻惡靈和辟邪及傳旨之用），後，法師雙手持令旗並伴有儀式步伐，接著則爲手持法劍伴著儀式步伐，然後，法師用舌頭去舔五方旗及竹符，以示潔淨。放兵乃意爲在神明巡視經過的路線或目的地，部署兵力，以保護境內安全。

科儀順序	意義
9. 獻供	祭品朝貢神明。由三位法師同時進行並時而互換位置及手中的東西，兩位法師在一旁念咒並手各持鈸和小銅鑼，另一位法師則手持托盤，內置金銀珠寶等飾品。
10. 出社鎮符（遶境、鎮五方）	巡視境內安營，紮營，由廟方準備五營所需的東西，每方各有一面五營旗、五石符、五個草人、五支竹符、牲牲（豆腐、蛋、生肉），用來加持軍隊、放兵軍將，並持敕令遶境聚落鎮五營。五營指的是東西南北中五個方位的神兵神將，五營的設置通常都是以聚落或廟宇為中心，依五營方位設置營寨，以防邪魔惡靈入侵，五營有內外之分，通常民宅私壇只能設置內營，公廟才能設置內外營，他們是聚落的守護部隊。鎮五營時，廟方人員帶著鎮五營所需的東西，隨著神轎及法師和乩身在五營的方位擺放符物及符品，此時法師會持法鞭及吹法螺，舉行鎮五營的儀式，以加持軍隊，保佑聚落村民平安。鎮五營位置（見附錄九）。
11. 吃三牲粿	犒賞三軍。由聚落的居民帶著供品擺在供桌上，聚集在伍德宮廟前廣場，並由法師主持並唱咒，一旁有吹嗩吶、打鼓的人員，乩童會在每個盛供品的供桌做祈福的動作以敬神。
12. 南斗妙經	消災延壽。
13. 西斗妙經	記人善惡，祈求信眾身體得到神明保護。
14. 拜斗—北斗七星	拜斗是道教獨有的科儀，是種祛災解厄、延壽祈求平安的科儀。一開始由三位法師同時進行唱咒，手持手爐、小銅鑼、鈸，一位鄉老在後跟著祈拜，最後手各持疏文、四角燈、梁傘，並走著特有的步伐完成拜斗儀式。

科儀順序	意義
15. 鬧聽	演奏大樂及輕音樂供神明欣賞。
16. 開路關 （進桶盤）	祈求平安。農曆四月十一日在陳氏宗祠裡舉行，進桶盤前由道士邊念經，乩身繞圈走。筆生會燒買路錢，進桶盤時因為在陳氏宗祠內進行，故，無需用王爺旗蓋住頭，但腳需離地踩在長板凳上，而信徒（個人或全家）將金箔、生辰八字、生肖、疏文放在盤子裡，請蘇王爺保佑個人（或全家）健康、平安、順利，若是全村信徒，則由公司負責將所需的東西放進盤子裡，祈求「蘇王爺」保佑大家賺大錢、平安。
17. 恭送玉皇 大帝 （送天公）	讓玉皇大帝回天庭休息。在四月十一日早上恭請玉皇大帝，四月十二日晚上則辭神恭送玉皇大帝回天庭休息，此時也要把各神明請上神輦，信徒準備的紙錢會堆成堆，神轎繞著燃燒的紙錢轉，乩身會隨旁守護，信徒在一旁也會跪拜，並在此時謝願。
第二天科儀活動：	
1. 鬧壇	古樂演奏。由鈸、嗩吶、鼓、小銅鑼等通神樂器吹奏古樂。
2. 中斗妙經	由法師手持鈸唱咒，接著持帝鐘誦念經文，其意義為諦聽敬受、降福無殃、蠲除罪簿。
3. 進表	表章呈報玉皇大帝並請保佑境內善男信女平安。
4. 請供神	恭請三清道祖，張天祖師，閭山法主，及吾島城隍……眾神。
5. 獻供	祭品朝貢神明。由三位法師同時進行並時而互換位置及手中的東西，兩位法師在一旁念咒並手各持鈸和小銅鑼，另一位法師則手持托盤，內置金銀珠寶等飾品。

科儀順序	意義
6. 天官妙經	賜福天官：賜福添祿給眾弟子。
7. 地官妙經	敬罪地官：赦免信徒的罪惡。
8. 水官妙經	解厄水官：改厄、結束厄運。
9. 安門符	各家戶安三張中壇元帥符令以保平安。貼令符時，法師會在各家門前吹龍角並甩法索，以保各家戶平安。
10. 造橋過限	十二生肖過橋保平安。造橋前由法師念咒，橋是由兩條長板凳連接而成，上面鋪上白長條布，布條上擺放金紙，法師再用淨水清淨並持法索驅走邪魔，接著法師手持令旗唱咒後即由鄉老捧的金紙及各信眾手捧著神明過限，然後，才有信徒加入，過限除了有小女孩外，大人者都是男性。
11. 鬧廳	演奏大樂及輕音樂供神明欣賞。
12. 辭神	儀式結束後將眾神請回。
13. 迎斗燈	迎回爐主家。將斗燈等東西放進竹簍裡，並用大布巾包住，由兩名信徒小心翼翼地扛回爐主家。
14. 收軍	收回五營兵將。

資料來源：蔡淑慧整理

除此以外，還有非科儀部分：

表7 金門新頭伍德宮祭典非科儀部分

項次	意義
1. 準備五營	規範軍隊駐守的範圍。由廟方準備五營所需的東西，每方各有一面五營旗、五石符、五個草人、五支竹符、生牲（豆腐、蛋、生肉）。

2. 送孩兒	告知「蘇王爺」，並請「蘇王爺」保佑信徒添丁進財。由請來的歌仔戲團演員，手拿著娃娃並唱著戲曲，請「蘇王爺」能庇佑信眾添丁進財。
3. 神像神輦	請眾神明遶境於聚落，保佑信徒平安、順利。由廟方人員及信徒恭請伍德宮眾神進神輦，遶境於聚落，保佑境內平安。
4. 乩童起駕	神明附身，遶境聚落，保佑村民。此時神明附身，由六姓府及蘇王爺的乩身起駕，隨著神轎遶境聚落，斥退邪物，為村民禳災植福、祈求合境平安。
5. 犒軍	鎮五營後，犒賞各方將兵。由位在五營附近的聚落居民帶著供品及紙錢去祭拜各方將兵。

資料來源：蔡淑慧整理

這些非科儀及科儀，在兩天的過程中進行完畢。

因為伍德宮位於海邊，離聚落較遠，除了每年的 4 月 12 日早上 9 點左右的進金紙，[5] 在伍德宮裡舉行外，其餘的所有有關誕辰科儀活動皆在宗祠裡進行。

但，儘管祭典活動繁雜，這是新頭一年一度最盛大的宗教活動，信仰者以最虔誠的心為這位英靈顯赫的「蘇王爺」祝壽。而伍德宮與其他廟宇有沒有交陪關係呢？據陳金鑫法師說法，「蘇王爺」誕辰時，附近的廟宇會來祝壽，當其他廟宇的神明誕辰時，伍德宮則是對方有邀請才會去祝壽，並且會送禮金、金紙、水果等。

5　需補運之信眾先登記，再由法師開路關並將信眾之八字寫在疏文上，謂之進金紙，不屬於科儀活動。

與其他王爺儀式的比較

由於清代，基本上中央王朝對民間祭祀的態度，是延續萬曆中期以來的加封、賜額政策，因此，官方管的不在於儀式，而是人神格生前的義行事蹟。

因此，蘇王爺當初存在於水師崇祀，單純地被供奉。反倒是當蘇王爺被敕封為正神後，民間可以公開供奉時，對於蘇王爺的信仰儀式，才得以由當時鄉老，請來道士做祝壽活動。

雖然「王爺」崇拜，之於人民是個可畏可敬的神明，在金門其他王爺的祭祀活動也是極被重視的一個宗教活動。然而，我們若根據陳金鑫法師說——從他的阿公那年代「蘇王爺誕辰儀式，至今沒什麼改變。伍德宮的祭祀科儀和附近王爺廟，目前也沒有差別了。大致上是一樣的。在金門官澳的龍鳳宮所奉祀神明之一廣澤尊王，在祂的誕辰時，以往也曾有過送王及燒王船科儀。但目前已經沒有這項習俗了。這和經濟條件有很大的關係。而『伍德宮』從未有過送王及燒王船的科儀，更沒有『暗訪』、『夜巡』等儀式活動。由此證明蘇王爺跟一般瘟神性質的王爺是不同的。」[6]

我們由此可知，現在金門的王爺廟科儀，幾乎沒什麼不

6　暗訪在夜間舉行，主要是在驅邪鬼，不似日間神明游境一樣熱鬧喧嘩。社區內出現瘟疫或其他不如意的事情，人們就請王爺來暗訪驅除惡魔，暗訪隊伍中除了驅惡魔的王爺及神明外，還有法師等，過程中吹法螺及敲鑼打鼓，以達到趕走惡魔的目的。維基百科，2012.5.17，http://zh.wikipedia.org/zh-tw/%E6%9A%97%E8%A8%AA_(%E6%B0%91%E4%BF%97)

同之處了。即使大陸分香出去的「蘇王爺」回來新頭祝壽，也只是「客隨主便」地，隨著新頭的儀式活動祭祀，並沒有加入大陸自己的儀式活動了。

金門「蘇王爺」崇拜儀式的變革

在霍布斯邦《被發明的傳統》裡提到：「各地的祭祀儀式跟以往若有所改變，往往是因為習俗的作用，在於無論社會面臨決定或不變，卻能承繼先例並保持社會的連續性，且符合歷史演進的自然律。『習俗』無法固定不變，因為即使是處於『傳統』社會中的生活，都不是停滯不動、維持現狀的，風俗習慣或普通法則在形式上會顯得頗為堅持，然而在實質內容上，也呈現出相當有空間及彈性，而非墨守成規，因此，習俗假使式微了，跟習俗交織在一起的傳統也會跟著起變化。」[7]

這可用來說明目前金門蘇王爺（甚至是包括臺灣三地的蘇王爺）的祭祀儀式和早期有所改變，往往是因為習俗無法固定不變，總會因為人為的想法或經濟、政治因素等而有所變革。

從田野調查所得到的金門伍德宮「蘇王爺」的儀式與早期清代的崇拜儀式（據陳金鑫法師描述長輩的說法：清代儀式比較盛大，有過火、淨油、刀梯、刀橋、醮會等儀式）可以顯而易見地，因為歷史的變遷，以及水師的沒落而有了改變。特別是在戰地政務時期，也因為兩岸情勢緊張對立的關

7　霍布斯邦，《被發明的傳統》，（臺北：貓頭鷹，2008），頁 12-21。

係，儀式變得比較簡單，只請法師恭誦經文，直到解除戰地政務到開放觀光，金門有了很大的轉變。

因此，習俗不可能一直持續下去沒有做任何的改變，當初只是單純的官方供奉，現今儀式變得比戰地政務時期還要繁複詳細且範圍也擴大，且，也會因為人為的關係（例如當時主祭者或道士的專業程度）有所改變。信仰圈及祭祀圈，也不同於早期，儀式的改變或習俗傳統內容的增減，隨著時代的更迭及社會狀況的改變，是無可避免的。

但其改變的程度似乎比臺灣三地（鹿港、艋舺、安平）要來得小，原因是：也許金門現今仍保有相當的傳統觀念，且新頭未被都市化，也無新移民移入，又有聚落裡陳姓宗族在維繫著其傳統儀式，才使得金門「蘇王爺」儀式的變革跟清代沒有太大的差異，卻又比臺灣三地要來得繁複，但又不似臺灣三地還會加入民俗技藝活動等。

二、安平「蘇王爺」的崇拜儀式及變革

安平是個開發甚早的地方，是臺灣漢人第一個聚落，它充滿了歷史、文化和豐富人文。由於早期移民都是靠海為生，生計困苦艱難，往往會藉由宗教的力量以求解決而得到精神上的寄託。民間信仰，也往往投射出人民生活型態及活動重心。因此，高密度的廟宇成為安平的特色之一。

安平的廟與臺灣其他廟宇大致相同，大都是由移民者從家鄉分香或分身過來的，安平早期的廟宇因為地區、防禦、族群及聯絡等功能，演進為安平人所稱的「六角頭」，因此，

廟會活動在安平頗爲密集及熱絡。

　　而在清代水師奉祀「蘇王爺」的宗教儀式外，還有媽祖信仰儀式。[8] 以下就僅以不同系統的「蘇王爺」做探討。

「蘇王爺」的崇拜儀式

　　安平市場旁的伍德宮，是屬於六角頭之一的海頭社。據廟公陳德久阿伯的說法：海頭里之名因位在舊時聚落北邊靠近安平大港，爲進入汪洋大海的起點，所以稱爲海頭里。範圍則是：東邊從効忠街四十四巷起，西至古堡街以西門里爲界，北接民權路四段至德記洋行與鹽水西爲界，南至延平街與港仔里爲界。

　　「蘇王爺」的誕辰儀式則是從農曆 4 月 11 日晚上 11 點的祝壽開始，到隔天 4 月 12 日整天的祝壽活動，在當天科儀之前，前一晚 11 點開始則只有法師（據王浤儒道士所述，法師是屬普庵派，但安平地區有很多時候來唱咒的法師不一定都是同一派，會請不同派的法師過來湊人數）起鼓念祝壽經文（見附錄一）。附近的一些信徒會來參與祝壽活動。

　　在當天（農曆 4 月 12 日）的科儀活動及整個祝壽活動，所有相關的佈置及貢品皆準備就緒，早上 8 點左右，即見王德和道長（屬於正一派）及所有相關人員（其他道士及場外人員—吹嗩吶、打鼓等）來到宮裡，準備著裝及經文和用具。接著，即是整天誕辰科儀的過程（據王浤儒道士口述）：

8　鄭振滿在其〈安平的廟宇與傳統儀式〉裡有詳細的說明。

表8　安平伍德宮「蘇王爺」誕辰科儀過程

科儀順序	意義
1. 發表	誦經文告知天庭，將要舉辦此場誕辰活動。案桌上準備了鮮花、經文、法器、供品等。
2. 啓聖	淨場後，告知眾神爲何要慶祝誕辰。
3. 祈福經	玉樞寶經、北斗延壽妙經、三官寶經：誦念以解一切厄，除一切苦，以禳一切災，替信徒祈福延壽增好運。
4. 午供	九陳酌獻：恭祝聖壽，此九陳是獻給誕辰的人，九陳的內容則是一炷香、花、果、茶、酒、敬包、燈燭、淨水、寶器。若是豪華版則再加上十道荣、五牲宴請王爺。
5. 三寶懺	由道士們誦經，一旁有打鼓及吹嗩吶等外場人員吹奏。 上元寶懺—賜福天官：賜福添祿給眾弟子。 中元寶懺—敬罪地官：赦免信徒的罪惡。 下元寶懺—解厄水官：改厄、結束厄運。
6. 三寶懺	目地：謝三界萬靈。 上元寶懺—賜福天官：賜福添祿給眾弟子。 中元寶懺—敬罪地官：赦免信徒的罪惡。 下元寶懺—解厄水官：改厄、結束厄運。
7. 鬧廳三仙	科儀告一段落，正式進入誕辰活動。三仙指的是鼓、嗩吶、鈸三種器具，由外場人員擔任，其中打鼓者則是由一位道士負責。
8. 道場科儀正醮	恭祝王爺誕辰（當中上三次香，敬三次四果茶，以表敬意，此則由嘉義來的信徒擔任主祭者），並發願希望眾神庇佑大家健康、事事順利、國泰民安，悉如所願。
9. 謝壇完滿	奉送三親道主眾神，列位尊神上天庭，保佑眾弟子信徒闔家平安、事事順利。

資料來源：蔡淑慧整理

以上的科儀活動，皆由道士在「伍德宮」裡進行，而下午則是在宮外空地裡，由法師同時進行以下的活動（法師會在此活動中唱咒）：

1. 起法鞭—驅走邪惡不淨的東西。
2. 布袋戲團扮仙祝壽。
3. 賞兵：由信徒準備供品及金紙賞兵。
4. 收五營：收回兵將。

　　整個祝壽活動，到此即結束。晚上則是信徒辦桌請客（看信徒個人要辦幾桌）並走路關，讓信徒補運、問公事或做契子戴項鍊的活動。

　　當然，由於伍德宮是屬於海頭社的宮廟之一，與其他角頭廟也有交陪關係。「蘇王爺」誕辰時，其他角頭廟也會送花籃及金紙來祝壽。例如文朱殿、文龍殿、大眾廟等，而當其他角頭廟的主神誕辰時，伍德宮也會由公司出資送花籃及金紙去祝壽。

　　又，除了艋舺金門會館，每年會來遊香外，另外，又有來自艋舺金門館東門的伍德堂（供奉蘇府千歲）金復興軒社也會來祝壽。裡頭，除了有女乩身外，還有老轎班，安平伍德宮「蘇王爺」會至安平入口處迎接。

　　然而，此伍德堂蘇府千歲，與來自金門新頭的「蘇王爺」卻是無關的。但名稱卻易造成混淆。艋舺金門館王先生，對此混淆，也感到相當無奈。

　　又，位於臺南市東區東門的伍德堂（臺南市光華街275

巷 2 號），據負責人葉大成先生口述，伍德堂「蘇王爺」在
1970 年底從金門新頭分香回來，當時在清水寺旁，後，因為
其師父往生了，1974 年才移到現址供奉。

但，東門伍德堂認為：伍德堂與安平的伍德宮沒有交陪
關係，反而艋舺金門館在「蘇王爺」誕辰時會到伍德堂遊香。

與其他「王爺」崇拜儀式的比較

由陳宏田著的論文中，所整理的臺南地區，近三年各宮
廟的建醮活動中，發現「伍德宮」也曾有燒王船的祭典活動
（因其整理的表格中未註明是位於哪裡的伍德宮），「蘇王爺」
不是瘟神性質，怎會有燒王船的活動呢？

之後，經過我們訪談查證後，原來在安平有兩間「伍德
宮」，一間是本書此一部分所要探討的來自金門新頭「蘇王
爺」位於安平市場旁的「伍德宮」。另一間則是位於安平運
河路的「伍德宮」，運河路的伍德宮主祀蘇府千歲等五位王
爺，是屬於囝仔宮社。[9] 廟中祀奉一艘王船，名曰：金德安。

運河路的「伍德宮」原為清朝班兵的行館，在 1697 年班
兵自泉州府請來蘇府千歲五位王爺的神像、令牌跟官印一只，
奉祀之。在乾隆 1747 年建廟完成，並以「伍德宮」為名，為
官廟性質，一般民眾不能祭拜。[10]

9　囝仔宮：清乾隆三十年，妙壽宮前的廟埕很廣闊，常有成群的孩童在廟埕玩
　　耍，經過的人看到此熱鬧景象，因此，稱妙壽宮為囝仔宮，角頭的名稱由此
　　而來。

10　林朝成、鄭水萍編著，《安平區志‧卷三社會志‧第一篇宗教篇》，（臺南：
　　安平區公所，1998），頁 229。

1975 年，又建造了廟旁的王船室，主要是置放金德安號。

在日本殖民統治時代臺南廳庶務課，所著的《臺南市寺廟臺帳》，曾記載：「王爺館，教別為儒教，祭神為媽祖、蘇王爺、土地公等，創立於乾隆十二年，例祭舊曆四月二十一日，管理人為妙壽宮。」[11]

據說，廟中原為堆放漁民的漁具，日人為了開路，便做寺廟調查，當地居民為了廟免被拆除，便說此廟是妙壽宮的王爺廟。……另一說法則是當時「伍德宮」規模較大。因日人將廟宇拆去大部分，後由附近的歐家長老歐六老先生出面，與日人溝通，此廟由其管理，方免拆廟的命運……。[12]

而從廟方給我們的資料，則是：「伍德宮」蘇王爺誕辰在農曆四月二十一日，又，據廟方人員林永祿敘述：「伍德宮」蘇府千歲誕辰時，由道士（外地人）及屬於囡仔宮社的紅頭法師唱咒祝壽（在安平區各角頭社有屬於自己的法師，其他的角頭社有時會請別的角頭社法師來祝壽，但囡仔宮則是按照以往的規定，只請自己囡仔宮社的法師，且囡仔宮社的法師也不可以受邀去別的角頭社）。

以下則是囡仔宮社「伍德宮」嚴壽全道長，描述蘇王爺誕辰活動概況：

1. 早上 7-8 點道士誦經請神。

11　臺南廳庶務課，《臺南市寺廟臺帳》，（臺南：臺南廳庶務課，昭和年間初版），頁不詳。

12　林朝成、鄭水萍編著，《安平區志·卷三社會志·第一篇宗教篇》，（臺南：安平區公所，1998），頁 229。

2. 誦經祝壽並祈福。

3. 午供：恭祝聖壽。

4. 入醮：向神明致敬與獻禮，並發願希望眾神庇佑大家健康、事事順利、國泰民安，悉如所願。

以上由道士所做的科儀，此時科儀結束，道士則留守一位到晚上，廟外廣場則由法師所做的祝壽活動：

5. 賞五營：由信徒準備供品犒軍。

6. 進金紙：讓信徒改運或蘇府千歲收契子。

7. 晚上七點多由道士誦經、將信徒所供奉的紙錢繳庫。

不過，由於蘇王爺誕辰當天，廟方人員及信徒都在忙著祝壽活動，廟前廣場也有法師在做祝壽活動。因此，屬於當天晚上信徒辦桌請客，通常都會改在當年農曆十月二十二日再辦。

而囝仔宮社的「伍德宮」蘇王爺誕辰時，與其他廟宇的交陪關係，僅止於送花籃（由公司負擔此費用）。如果還要送金紙，必須找齊一桌的人數去吃桌。

但下回「伍德宮」也要辦一桌回請來交陪的廟宇。因此，在囝仔宮社大家都有個共識，礙於經濟問題，只送花籃祝壽，且交陪關係，則是隨著囝仔宮社的妙壽宮，做社對社的交陪。

由此得知，囝仔宮社的「伍德宮」蘇府千歲的誕辰活動過程，與海頭社金門館的「伍德宮」崇拜儀式雖有些相同處。但，從所供奉主神的誕辰日判斷，兩廟宇之間實無關聯。且

運河路伍德宮的「蘇王爺」，在文獻裡並未記載，是否有經朝廷敕封。可見兩者，是屬於不同系統的「蘇王爺」。

運河路的「伍德宮」，在每年會把「金德安號」上面的糧燒掉，換上新糧。此謂換倉添載，讓船上的將兵也有新的糧食可用。每次的換倉添載，都要詳細的紀錄造冊，但不燒金德安號。除非遇到大建醮時才會燒「金德安號」。

金德安號除非有祭典或特別預約，否則一律謝絕參觀。至於何時做大建醮，則由當年主持的王爺指示（陳宏田的論文裡臺南地區宮廟奉祀王爺船概況一覽表，提到「伍德宮」曾在 1975 年有燒王船的祭祀活動），[13] 關於金德安號其建醮科儀活動如下：

表9　安平囝仔宮社伍德宮金德安號建醮科儀活動

王醮科儀	日期	時辰	備註
豎燈篙	十一月初二	午時	
金德安號出廠	十一月初五	未時	
恭請交誼境列聖	十一月初六	不拘時	上午安平，下午臺南
收錨、揚帆	十一月初八	未時	
收帆、下錨	十一月初十	未時	

13　陳宏田，〈臺南地區王爺信仰研究—兼論城鄉差異〉，臺南師範學院鄉土文化研究所碩士論文，2002，頁133。

金德安室慶成謝土起鼓	十一月十二日	亥時	
禳災祈安王醮起鼓	十一月十四日	亥時	
開廟門	十一月二十日	辰時	
普渡植福	十一月二十日	吉時	
恭送交誼境列聖回鑾	十一月二十七日	不拘時	上午安平、下午臺南
送王遶境	十二月初四		
謝燈篙	十二月初六	午時	

本表解說資料來源：蔡淑慧整理自囝仔宮社「伍德宮」資料。

雖然金德安號的建醮科儀，活動繁複熱鬧（比起蘇王爺的祭祀活動還要盛大，其設有代天府、內侍並有民俗活動及其他宮廟來祝壽等），且範圍遶境頗大。但它的建醮遶境活動，卻與「伍德宮」裡的蘇王爺毫無關係。這是運河路「伍德宮」特別之處，單獨為了王船有遶境建醮活動。

安平「蘇王爺」崇拜儀式的變革發展

安平是個不論是在傳統文化或軍事海防，都具有其重要歷史地位的一個特殊地區，「蘇王爺」的崇拜儀式因有了變革，而與早期清代有所不同。

整個科儀活動皆由道士主持，而，參與祭祀活動除了當地的信徒外，還有老大（伍德宮現任主委）、議員、民代、里長等。也有外地的信仰者，例如來自嘉義的信徒主祀者。

當晚辦桌請客到場者也包括了當地的民意代表、信眾的親朋好友等，整個儀式活動已經加入一些現代元素：辦桌請客、[14] 請布袋戲祝壽等，與早期清代只是官方的祭祀活動迥然不同。

從安平「伍德宮」的儀式可見它是隨著歷史的變遷而做了些改變，跟金門「伍德宮」的儀式大不相同。根據安平文殊殿的桌頭王岩平阿公（78歲）的說法，之前也有放五營（五色旗是插在廟內）。但，在大家日子過得不是很平安，或農作歉收之際（歹年冬）才會有此活動，那時候的五營位置如下：

1. 東營：安平市場
2. 西營：安平古堡
3. 南營：安平的觀音亭
4. 北營：安平三信合作社
5. 中營：廟前

而平安時才在廟前的東西南北中位置，放置五營。然而，就現在的儀式看來，並沒有在廟前放置五營，只有在犒軍時的供桌上一字排開擺插五色旗子。因此，安平「伍德宮」的儀式雖然也頗為繁複，但仍然因為時代的變遷，而加上屬於該年代的相關儀式及在地的風俗元素在裡頭。

金門及臺灣三地的「蘇王爺」，雖然不似其他系統的王爺信仰如此盛大熱鬧，但因為其整個歷史由來及其神格性質，

---

14 當晚還有樂隊演奏—卡車改裝成表演的舞臺。

卻是頗爲特殊且與其他王爺是不同性質的。並且，即使是不同系統的蘇王爺，其差異也頗大。

因此，綜觀整個「蘇王爺」從航運業的引航員，到清代只准許官方祭祀並敕封爲正神，並轉爲陸上之神，我們將「蘇王爺」整個事件以大記事方式做簡明的整理（見附錄八）。

三、鹿港「蘇王爺」的崇拜儀式及變革

明清兩代，當時的移民很少能夠舉族遷移，因此，相當重視原鄉的堂號和宗支觀念，藉以區別親疏遠近，所以，有相當普遍的地域性宗族組織，且經常透過共同的風俗信仰，以最具團體特徵的地方主祭神爲代表，爲團結群體，由共同舉行祭祀活動，達到維繫或加強人際關係的目的，因而形成所謂的「祭祀圈」。

所謂「祭祀圈」，指的是以一個主祭神爲中心，信徒共同舉行祭祀所屬的地域單位，其成員則以主祭神名義下的財產所屬地域範圍內的居民爲限。[15] 鄭振滿也提到有關宗族組織的看法：「早期臺灣移民的主要社會組織，不是以血緣聯係爲基礎的親屬團體，而是以地緣爲認同的『祖籍群』。

清代臺灣的宗族組織，常是不同之支派凝聚組成的，因爲，清代臺灣雖然是新開發的移民地區，但同族聚居的現象仍是相當普及，爲了能同心協力應付生疏複雜的社會環境，

---

15 黃秀政等，《臺灣文志論叢》，（臺北：五南出版社，1999 年初版），頁 14-60。

往往是同鄉同族結伴而行，或是先後渡臺的同鄉同族相互支持、援助。」[16]

　　關於宗族方面的信仰，陳支平也提出了看法：「福建民間的宗教信仰與家族制度的關係甚爲密切，福建家族制的演變發展，因爲長期的鄉族割據，使得人們不僅要依靠家族自身的力量，還要利用政治及宗族信仰的力量，來鞏固維繫家族的社會地位。」[17]

　　清代鹿港的宗族組織和血緣聚落民間的神祇宮廟，有很多是出於信眾爲了報答神明的庇祐守護之恩而爲之建立起來的，移民爲了可以平安到達臺灣，認爲「漂海遠渡重洋不無神恩之奇蹟恩賜」。

　　因此，爲了能繼續獲得神明的保佑，希望經由共同的信仰以聯繫彼此的人際關係，移民通常會集資修建廟宇，把原供奉在家中的神像供奉在廟裡，原只奉香火而沒有神像的，也會塑像奉祀，有些也會由移民構成的地緣社會群體，需要一個祭祀家鄉的神祇廟宇做爲公共的活動中心。[18]

　　雖然，這些從福建或金門渡海而來的宗族，會相互援引，但，臺灣是個移民多元的社會，所以，很難在異地將整個宗族複製過來，這是臺灣特殊的地方。因爲，有時候「攝於強

16　鄭振滿，《明清福建家族組織與社會變遷》，（湖南：湖南教育出版社，1992 年 6 月第 1 版），頁 15-199。

17　陳支平，《五百年來福建的家族與社會》，（臺北：揚智文化，2004 年 3 月初版一刷），頁 190。

18　顏章炮，《民間信仰與社會空間——清代臺灣移民社會的分類信仰與分類械鬥》，（福建：福建人民出版社，2003 年 8 月初版），頁 269-272。

族之間，每被欺侮，爲了抵禦強宗大族的欺凌，一些弱小的家族，不得不聯合起來，以眾姓的力量抗衡強宗大族。」[19]

同鄉同族的凝聚或整個族群集體的觀念，再加上透過宗教儀式的表達，通常會產生以下特色：

1. 族群凝聚─各種社會族群都有其對應的集體記憶，所以共同歷史對族群的凝聚甚爲重要。

2. 認同變遷─歷史的記憶可以凝聚族群，經由選擇性遺忘和記起，有了不同的認同，環境變遷也會導致人群認同的變遷。

3. 民族體形成─由集體記憶來凝結傳遞，以創造和追溯共同的歷史記憶，維持族群間的界定。[20]

因爲這幾個論點，更加顯示出鹿港是個很特別的鄉鎮，在族群和宗族間的關係，乃至廟宇的建置及交陪，都跟宗族或族群有很大的關係。

鹿港街區內約有六十餘座廟宇，在臺灣，它是個宗教活動頗盛的一個鄉鎮，鹿港的王爺，必須得從各王爺廟的盛大祭祀活動和其建置了解其信仰特色，鹿港的眾角頭，多數以王爺爲主神。[21]

---

19 陳支平，《五百年來福建的家族與社會》，（臺北：揚智文化，2004 年 3 月初版一刷），頁 317。

20 蔡婉婷，〈臺南市寺廟建廟傳說之研究〉，臺南大學臺灣文化研究所碩士論文，2006，頁 81。

21 顏姿芳，〈鹿港王爺信仰的發展形態〉，清華大學歷史研究所碩士論文，

因此，在鹿港要了解金門會館「蘇王爺」儀式和其變革及與不同系統的「蘇王爺」之間的儀式有何差別，文獻記載比較充足。以下就三個面向做探討：

鹿港「蘇王爺」的崇拜儀式

　　鹿港金門館所崇祀的主神蘇府大王爺，其神誕日為農曆四月十二日，分身二王爺神誕日為農曆十月十日，而為何會有二王爺？據訪談廟方林聯益副主委口述：「奉祀之主神原僅一尊，因香火鼎盛，神威靈應，迎請者紛集，遂另塑他尊金身以應需要，始有『二王』、『三王』之稱謂，乃分批雕像奉祀之次序，並非王爺有三位兄弟。

　　而『蘇王爺』的誕辰，當天活動就是信徒攜帶祭品來祭拜，沒有其他特別的慶祝活動，附近的王爺廟，也會以公司的名義，攜帶金紙來參與祭祀活動。」

　　不過，如果附近的王爺廟當年有進行暗訪、送肉粽、安五營（金門館五營地點：東方－龍山寺後面，西方－龍山寺前面，北方－代天府，南方－文德宮）等儀式，屬於角頭廟[22]金門館也會參加，但礙於經濟問題，沒有每年都參加。而金門館『蘇王爺』的誕辰是沒有這些暗訪、送肉粽等儀式活動的。」

1993，頁 64。

22　某一範圍內的居民所共同建造且代表此範圍整體的廟宇，稱為角頭廟。

與其他王爺儀式的比較

鹿港的王爺主要的職能是負責保安，在王爺許多傳統的宗教儀式，如暗訪、送散魂、火神、安營、犒將、送春糧、送肉粽、安宅等都是定期的祭祀活動。

而其中的「暗訪」儀式最為獨特，所謂的「暗訪」，亦即所謂的夜巡，意指王爺於夜間出巡遶境，並於夜巡時適時地幫地方消災解厄。暗訪以巡行的區域可分為「內巡」和「外巡」兩類，「內巡」以角頭廟轄區為單位，俗稱「境內」，「外巡」則指角頭範圍以外，最大可擴至鹿港全境。[23] 鹿港的暗訪有三種類型：[24]

1. 消除災厄、祈求平安：地方經常發生事故，由廟方主事者向王爺請示，再由王爺允諾，舉辦暗訪。
2. 神明指示：王爺降乩於乩童，表達要舉辦暗訪。
3. 神明出巡回駕：王爺廟裡的主神或客神雲遊四海，若要視察地方，經乩童指示，要求進行暗訪。

鹿港的暗訪至今仍罕為外界所了解，其因乃為它只是角頭廟裡的王爺奉旨所指示的儀式，既非定期舉行，亦非神誕慶典或重大節慶。

當地文史工我們陳仕賢先生所著《宗教鹿港》，對於鹿

---

23 顏姿芳，〈鹿港王爺信仰的發展形態〉，清華大學歷史研究所碩士論文，1993，頁 73-82
24 陳仕賢，《宗教鹿港》，（彰化：鹿水文史工作室，2009），頁 48。

港王爺廟舉行遶境或暗訪時的一套嚴謹的正駕、副駕、陪駕[25]的廟宇交陪關係，做了詳盡的說明，其交陪系統有：[26]

1. 因宗族、姓氏關係的交陪系統：通常會以鹿港在地的大姓為主，去界定其正、副、陪駕的關係。
2. 因主祀神明關係的交陪系統：如果廟與廟之間主祀神明相同，有些是同一個姓氏族群，就形成了交陪系統。
3. 因地域關係而產生的交陪系統：除了地域關係產生的交陪外，有些是街尾鄰近的廟宇，因地域與人關係而互為正、副、陪駕的關係。
4. 其他因素：廟宇間的交陪會因為廟方人際關係的因素而有所調整或變動。

金門館的副駕即是紫極殿，陪駕的則是代天宮朱王爺，但在「蘇王爺」神誕的儀式，卻跟鹿港奉天宮的「蘇王爺」的儀式不同，奉天宮「蘇王爺」的儀式有暗訪，而排班是暗訪前一個重要且神聖的儀式。這在網路上是唾手可看到的影片。[27]

其所象徵的是此次暗訪領有玉皇大帝代天巡狩旨令的正當性，雖然在金門會館裡也有一幅代天巡狩敕封令的裱框，

---

25 正駕：當年主辦祭祀活動的廟宇。副駕：交往密切，主要交陪關係的廟宇。陪駕：次要交陪關係的廟宇。

26 陳仕賢，《宗教鹿港》，（彰化：鹿水文史工作室，2009），頁37-43。

27 a09887779240，（2009）〈忠義廟池府千歲奉旨夜 / 副駕鹿港奉天宮蘇府王爺排班夜巡〉，2012.9，http://www.youtube.com/watch?v=0StAJ0bOQvw

廟方林副主委說：「聽說日本殖民統治時代結束後，那張敕封令被日本人帶走了，這是廟方從早稻田大學圖書館網站下載下來後再裱框的。」

我們根據此網站進入其精細畫面 PDF 檔，原始敕封令長28 公分，上面寫著玉旨欽命，且從其所收藏圖片（臺灣各廟宇的平安符、王爺符、收斬五方神煞符等）看來，關鍵字則是臺灣‧滿州民俗版畫，再從敕封令下列的表格文字。

根據在日本唸了兩年語文學校的友人蔡羽博翻譯後研判，這張所謂代天巡狩的敕封令，極大可能性是版畫，而不是真的當初清代朝廷官方賜給的敕封令，因此，「蘇王爺」應是不同於一般王爺有代天巡狩的性質。根據明、清時期福建的民間信仰，被民間祭祀的即依儒家的祭法和朝廷的祭典；因此，逐漸出現「代天巡狩」之說，表明既為朝廷敕封，也就是受玉皇大帝敕封為王爺。

這種王爺守護神性質最易隨著移民外移，如臺灣、東南亞等地，均留下王爺名號為「代天巡狩」並有送王習俗。[28]

這種「代天巡狩」是民間依著朝廷的祭典祭祀所創造出來的道封，[29] 與朝封轉為正神的神格性質是不同的。

以甘王神為例，最早只是有靈異能力的地方神。雖然在

---

28 李豐楙，〈巡狩：一種禮儀性的宣示儀式〉，《為道屢遷：中國文人生活中的宗教／禮儀的實踐與創造會議論文》，2007 年，頁 5。

29 根據江燦騰教授的看法，代天巡狩，所謂代天的「天」，指的是玉皇大帝，而被朝封的水神，不可能出現道封的代天巡狩性質。清代水師任務結束後才可能具有代天巡狩性質，但至少在清代是不具代天巡狩的性質。蘇王爺不屬於道教。另，在王爺被朝廷敕封之說，目前並沒有文獻記載。

宋代被敕封，元、明也加封爲王的國家祭典神明。但結合自
明到清以來，逐漸被納入國家體制的歷史過程看，可以認爲
甘大將的護國將軍身分和甘王早在宋代就受封的記錄，很有
可能性是讀書人書寫創造的結果，而讀書人的創造後來也逐
漸影響到鄉民的認同。[30]

　　由此，更可以證明「蘇王爺」神格是不同於一般王爺或
不同系統的「蘇王爺」，祂是由朝廷敕封，才轉變爲正神，
且具有海神性質的王爺。

　　符咒下面表格裡的文字，敘述如下：[31]

タイトル	王爺符 玉旨欽命／金門舘／代天巡狩○府大王爺／大極
內容記述	請求記号：二 16-2272-85；分類：呪符［王爺符］；出版地：臺湾；収集地年：1934 年頃於鹿港金門舘；印刷等：黃紙木版紅印
キーワード	臺湾・満州民俗版画
公開者	早稲田大学図書館
関連情報 URL	精細画像（PDF）

30　唐曉濤，〈神明的正統性與社、廟組織的地域性─拜上帝會毀廟事件的社會
　　史考察〉，《近代史研究》第三期，2011 年，頁 6。

31　（不詳），http://www.wul.waseda.ac.jp/kosho/ni16/ni16_2272/ni16_2272_085/
　　index.html。早稻田大學圖書館網頁。

上述表格文字譯爲中文敘述如下：

符的名稱與內容	王爺符 玉旨欽命／金門館／代天巡狩蘇府大王爺／太極
內容描述	請求記号：二 16-2272-85；分類：護身呪符 [王爺符]；出版地：臺灣。收集地年：1934 年左右於鹿港金門館；印刷等：黃紙木板紅印
關鍵字	臺灣・滿州民俗版畫
公開者	早稻田大學圖書館
相關資訊 URL	精細畫像（PDF）

鹿港「蘇王爺」崇拜儀式的變革

　　鹿港的宗教活動熱絡鼎盛，廟宇間雖常有往來交陪，然而，社會的變遷及城鎮都市化，即使是一般王爺廟的神秘暗訪，都已不再有神秘感及充滿恐怖肅殺的氣氛了，甚至是加入一些民俗技藝陣頭活動，讓暗訪活動增添熱鬧氣氛。

　　然而，「蘇王爺」的崇拜儀式，從原本單純只是清代水師和金門籍鄉親共同崇祀的對象，一直到因爲水師沒落、及水師或金門籍的居民移出，再加上其他移民也進來了，單一的水神信仰很難與當地信仰相融，於是漸漸被孤立了。

　　因此，金門館的信仰需做改變，轉化爲角頭廟並與附近的角頭廟交陪，雖然也會參與一般王爺的祭祀活動，如安五營，但也只是基於交陪的關係，這種祭祀圈不變，區域不變，

廟的性質卻有所變化，[32] 不似艋舺金門館遷移數次，也不像安平伍德宮雖然同在安平地區，卻也換了幾次不同的地方供奉，與艋舺或安平的情況截然不同，誠屬特殊例子。

　　不過，雖然廟的性質有所改變，「蘇王爺」海神信仰也渺然無存，轉變爲一般的保護神，但並不能否認其原有的海神性質。因此，金門會館的祭祀活動卻仍維持自己的風格，這也說明了「蘇王爺」與一般王爺不同之處。

　　又，金門會館也曾在 1999 年前往金門新頭進香，2011年 11 月再度前往金門新頭「蘇王爺」開基祖廟的祭拜，然後，再安排旅遊金門的風景名勝，但不是每年都有旅遊。此說明了「蘇王爺」除了最基本的祭祀活動外，也會因爲人的關係（廟主委）和當年經濟情況或不同的情勢而有所增減其額外的活動內容。

四、艋舺「蘇王爺」的崇拜儀式及變革

「蘇王爺」的崇拜儀式

　　「蘇王爺」目前由王家第四代王來蓮先生奉祀，而關於在艋舺金門會館的「蘇王爺」誕辰活動。據王家媳婦的說法，誕辰當天信眾帶供品來祭拜，簡單的祭祀，沒有其他特別繁複的儀式，晚上則是辦平安宴請客，祝壽活動當天晚上即結

32　卓克華，〈鹿港金門館——座清代班兵伙館的新發現〉，《新世紀宗教研究第二卷第三期》，（2004 年），頁 177。

束，在以前會由信徒組成的「軒社」北管演奏祝壽。

而所謂的「軒社」，是由一些年紀比較大且會演奏樂器的信徒組成的團，例如：南胡、打鼓等。但王家媳婦來此三、四十年了，卻從未看過有「軒社」來此祝壽。

因爲老一輩的都走了，年輕人也沒有意願接棒，此外，以前會請布袋戲或歌仔戲來祝壽，但附近居民反應聲音太吵雜了，就沒再請來祝壽了。

不過，在農曆四月十五日那天邱王爺誕辰那天會唱卡拉OK，四月二十一日則是整個一起慶祝五王爺誕辰，會有信徒來誦經。

因而，在「蘇王爺」誕辰之前，艋舺金門會館的信徒每年都會搭遊覽車到鹿港金門館及安平伍德宮及位於臺南東區的東門伍德堂遊香，艋舺金門會館的信仰者會租遊覽車到鹿港、安平等地祭拜「蘇王爺」後，然後依照原訂的行程，到臺灣各地遊覽然後再回到艋舺爲「蘇王爺」慶祝誕辰。

而且，信徒以往是居住在附近的居民，但後來有些居民搬遷後，還是會再回來祭拜，2010年還有遠自日本回來的信徒，跟著一起到鹿港及安平祭拜，信徒居住的範圍從臺灣到海外都有。

以下是艋舺金門館「蘇王爺」誕辰儀式過程：（其中鬧廳活動北管演奏，大概舉辦三、四年即因爲居民反應太吵了而停止，因爲現雖改播放卡帶，但音量也需控制適當。）

表10　艋舺金門館「蘇王爺」誕辰科儀過程

時間順序	項目	用意
1. 上午八點	安斗	祈求國泰民安、風調雨順。
2. 上午九點	祝壽	由信眾上香祭祀，祈求添福、平安順利。
3. 上午十一點	誦經	由王太太及幾位信眾師姐一同誦經，經文為金剛經、水懺、藥師懺等。[33]
4. 下午一點	鬧廳	增添熱鬧氣氛。
5. 中午十二點	打齋	準備油飯給信徒食用。
6. 下午四點	犒軍	信眾準備供品犒賞將兵。
7. 下午六點	平安宴	費用來源：信眾捐獻。

資料來源：蔡淑慧整理

與其他「王爺」崇拜儀式的比較

坐落在艋舺蕃薯市街（今貴陽街二段218號），擁有155年歷史的青山宮，主祀靈安尊王，據廟裡的當地長年志工葉小姐說法，青山王爺誕辰（農曆十月二十三日）主要是連續三天兩夜的王爺遶境出巡，其陣頭隊伍踏遍整個大萬華地區，鼓陣、八家將巡走於街上，鑼鼓喧天。

活動期間，最重要最精彩的特色，則是農曆十月二十、二十一日的王爺夜巡，也就是民間常說的暗訪，10月23日是

33　據王家媳婦口述：在曾祖父時曾請師父誦佛教經書，但礙於經濟因素，就由王家媳婦和幾位師姐誦經。

遶境活動。遶境的路線，則由當年的爐主視祭壇擺設位置而決定，但最主要還是在萬華地區，這項延續 100 多年的傳統習俗，至今未變。

因而，金門會館「蘇王爺」誕辰的祭典活動據王家媳婦口述，從王家曾祖父供奉至今即是單純地讓信眾們攜帶祭品來祝壽，在 1983 年修廟完成後，在 1984 年曾舉辦一場平安醮，從王家曾祖母至今的誕辰祭祀儀式未曾改變過，直到王太太的婆婆生病了，才由王家媳婦接手祝壽活動。故其儀式皆遵照曾祖父流傳下來進行，[34] 全然沒有一般王爺有的暗訪或送王船的祭祀活動。

此乃因為「蘇王爺」不同於一般王爺，祂是屬於海神功能性質的神格。

艋舺「蘇王爺」崇拜儀式的變革發展

關於早期清代「蘇王爺」的祭典儀式，基本上中央王朝對民間祭祀的態度，可以說是延續萬曆中期以來的加封、賜額政策，「蘇王爺」即是清代使節趙新出使琉球時，因為庇佑船上使者一行人平安歸返，完成任務，因而，趙新上呈朝廷，希望賜封「蘇王爺」，「蘇王爺」才得以提升地位成為正神，此乃因為官方不管儀式，官方管的是蘇王爺的神格問題。

因為「蘇王爺」是被允許在官方祭祀的，只提供清代營兵朝拜之用，對於來歷不明或巫術性太強，抑或傳說性太多

34　平安醮：也稱為清醮，其目的為感恩神明的庇祐，祈求合境平安、風調雨順。

的王爺是不會被允許祭祀的。因此，早期有關「蘇王爺」的祭祀儀式，跟現代相較之下是趨於保守傳統的，完全是屬於官方自己認定的海神神格的祭祀儀式。

　　但在目前，卻是因為時代的變遷，以及信仰者身分和地區的不同，已經沒有海神功能，全然變革為陸上的神格，且也由官方祭祀轉變為民間祭祀。艋舺的金門館因為是奉祀在私人的住宅裡，是故，此相關儀式從早期比較單純祭祀和樂團的演奏祝壽，到目前因為時代的變遷、經濟因素及附近居民的意見而趨於簡單但仍誠意十足的祭祀，且，每年加入所謂的遊香，和金門、臺灣鹿港、安平三地卻因為地域性的差異及當地的習俗，使得儀式也截然不同。

玖

下篇結論

蔡淑慧

王爺信仰在臺灣是相當普及的宗教，其宗教活動通常以瘟神信仰及王船祭祀配合送瘟建醮等最為民眾所知，例如：東港的送王船活動，在學界對於王爺的相關解說也頗多以瘟神為主要對象，而關於王爺的信仰，它在移民的原居住地，很多皆已為宗族內或角頭奉祀的鎮邪庇佑的神明，王爺信仰隨著宗族發展或移民臺灣甚至是臺灣在地的傳說而傳布。劉枝萬對於姓氏繁多的王爺，認為：「民人相信王爺姓氏頗多，故因時制宜，隨便加以捏造，且認為冠以己族姓氏，奉為守護神，可期族人之團結，亦成為其姓氏愈演愈多之一因。」[1]

　　臺灣的王爺廟的姓氏及數目隨著移民建立角頭廟而遞增，也因此，角頭廟之間若有祭典活動會互相往來給予祝壽，增添了祭祀活動的熱鬧性，也擴大了活動範圍。然而，本書此一部分提出探討的「蘇王爺」是王爺系統裡很特別的一種王爺，祂一開始即是一般市井小民海運航道的指引者，避免航行者發生海難，其「功能神」之所以備受珍惜及長期被奉為「守護神」是其主要原因在不被朝廷允許的情況下，一直是民人的守護神且私下供奉。而，在早期清代水師移防調撥，認為祂有抵禦海寇護航船隻的功能，就變成水師的保護神；直至趙新在出使琉球時，屢受「蘇王爺」的庇佑，建議朝廷可否援趙海神之例，頒給匾額，用答神庥，而得以成為正神。

　　但也因為「蘇王爺」隨著水師移防撥調不同的地點，使得「蘇王爺」也隨著當地王爺廟的誕辰而參與其祭祀活動，

1　劉枝萬，《臺灣之瘟神信仰—臺灣民間信仰論集》，（臺北：聯經出版社，2002），頁 228。

例如鹿港「金門會館」，也會參與當地的王爺廟安五營的活動，雖然如此，屬於海神性質的「蘇王爺」與不同系統的「蘇王爺」在儀式上有很大的差異性。海神性質的「蘇王爺」是被官方允許且只有官方祭祀，且被官方敕封為正神，不具代天巡狩的身分，沒有瘟神送王、除疫的習俗。

　　全臺灣只有金門新頭、鹿港、艋舺、安平四地的「蘇王爺」才是被敕封的正神，且誕辰祝壽活動只在所處地舉行，或經由遊香互有往來的，沒有瘟神王爺的暗訪或巡狩的儀式活動。因而，一般瘟神性質「王爺」或「蘇王爺」在清代是不被官方允許公開祭祀的，且多是枉死之人、傳說的神、戰死的將軍等，往往是民間信仰者自己祭祀，且被賦予神力，經由暗訪、巡狩、普渡等活動，禳災祈福，保護全境平安，這是本書此一部分所要探討的「蘇王爺」與一般系統的「蘇王爺」不同之處，我們將之整理如下：

表11　清代海神性質「蘇王爺」與瘟神性質「蘇王爺」之比較

性質　結果	海神王爺	瘟神王爺
神格	由人格升為神格且只許在官方祭祀並被官方允許，經敕封後變成正神。	枉死的人或傳說的神被民間賦予神力而變成具有瘟神神格，保護全境平安的神，且不被官方允許公開祭祀的。
身分	不具有代天巡狩的身分。	具有代天巡狩的身分。

分布的地區	全國只有艋舺、鹿港、安平三個地方才有來自金門新頭伍德宮的「蘇王爺」。	全國各地有來自不同傳說的「蘇王爺」。
儀式科儀	只有在所處的聚落舉行儀式科儀，信徒們彼此會到艋舺、鹿港、安平的伍德宮恭祝「蘇王爺」誕辰，且儀式裡沒有一般王爺的暗訪、除疫或巡狩。	一般的王爺或「蘇王爺」的儀式裡包括暗訪、巡狩、遶境、普渡等不同方式，以求合境平安。

資料來源：蔡淑慧整理

　　經過多次的訪談及文獻資料的探討之後，我們已可以清楚地知道：過去金門因為地理環境的特殊，人為災難及天災，再加上自明朝末葉以後，移民人口遞增，先民辛苦涉水而至。

　　因此，形成對於神靈的需求信仰，「蘇王爺」也因為基於守護航運者的平安，使得「蘇王爺」在民人的心中形成一種信仰。

　　新頭伍德宮，是屬於聚落性質的小型宮廟。但在臺灣卻屬於地方性的宮廟；在金門「蘇王爺」其功能凝聚了聚落宗族的共識，也滿足了民人在信仰、禳災祈福的許多需求。

　　因此，本相關解說認為：金門伍德宮「蘇王爺」的崇拜現象是海神王爺而非瘟神王爺的信仰崇拜，是獨特性的海神蘇王爺信仰崇拜，過去相關解說者在文獻解讀上及認知上有討論的空間，一直未將「蘇王爺」的神格做明確的定位，且過去對於臺灣王爺的相關解說上也獨缺本書此一部分所探討的王爺類型。

然而，既然是新類型，就表示與以往的類型是有所不同及變化的，對於王爺的相關解說，應提倡「多元並進」轉型與功能互補的新王爺相關解說視野之必要性，金門「蘇王爺」並非瘟神，祂與瘟神的關聯不能再視爲無可質疑的共同屬性，必須重視功能海神的王爺新元素。

　　再者，也必須提及的變革現象就是：由於金門水師建置的實際沒落，以及近代以來，臺灣三地金門會館相繼被現代型都市化所深刻影響，再加上地域性的原有不同（金門有聚落宗族的力量比較能維繫「蘇王爺」傳統繁複的儀式，臺灣三地因爲有移民近如且又屬於港口城鎮，高度都市化後，儀式很容易在地化而有更大的變革），爲了能將「蘇王爺」的信仰傳承下來，一些傳統中行之不輟的儀式加入當地的風俗民情及創新的元素。

　　另外，其轉型的原因之一爲，所有儀式的科儀大致是道士根據世傳的各類手抄本，如法炮製、按部就班的演出，而時至今日，儀式的科儀有了變革，可能會因爲因應當時顧主（廟裡的管理人、委員會或爐主）的要求或所出聘僱儀式包場者的價格高低，而出現新增或附加的儀式內容，甚至是參考其他地方的王爺儀式而增減其儀式科儀。至於儀式的執行者，都是由道士或道士兼法師者擔任，則只有水準的高低或專業名望的大小而已，沒有如清代時官方干預的問題，因此，若說儀式轉型的問題，理當應該視當時的雇主（廟裡的管理人、委員會或爐主）的經濟狀況或法師的專業水準爲主，而有所謂的轉型多寡之差別。

　　例如在訪談金門陳道士及鹿港林副主委和艋舺王太太、

安平的陳主委及安平的王浤儒道士後，金門「蘇王爺」祖廟（伍德宮）及臺灣的三處「蘇王爺」的祭祀儀式，或多或少都摻雜了當地的風俗和雇主的想法，且儀式的改變常常是因為歷史的政治（從最初只允許在官方祭祀到敕封為正神後，在民間可以供奉，然後，再到戰地政務時期，對於軍事地區行動規範主導權，是掌握在軍方和相關官僚統治系統）或經濟因素。

因而，綜合訪談的結果，發現儀式的變革最大的原因是經濟條件，據鹿港當地文史工作者陳仕賢描述：十幾年前鹿港王爺暗訪活動時，經過金門會館，當時蘇王爺經由乩身（暗訪活動中的乩身）指示想參與暗訪活動，但當時廟方因為經濟問題，希望三年後再舉辦，然卻一直都沒有實行。創新傳統，舊資料必須為了有新目的而有新的形態，其中就會蘊含當地本土宗教禮讚或儀式的元素在裡頭。

例如：布袋戲，原來來自大陸，但時間久了，自然就會加入臺灣本土的元素進去，轉而變成具有臺灣獨特色彩的布袋戲，甚至因為時代的轉變，臺灣的布袋戲也加入更炫的元素而變成霹靂布袋戲，且為了讓更多觀眾看得清楚，戲偶也從大陸原本的掌中戲尺寸變成加大尺寸的戲偶，又如：臺灣的本土文化之一：「陣頭」這種民俗活動，也會因為時代的轉變，會加入新元素，八家將的步伐不再只是傳統的步伐，還會加入類似舞蹈的肢體動作，甚至在三太子身上加上現代科技產物 LED 燈、跳臺客舞，讓三太子在陣頭裡更炫更醒目。

因此，不論是布袋戲或其他傳統民俗及技藝，在傳統裡加上創新元素，就會變成當地特有的在地文化，所以，不論

是金門新頭，抑或是臺灣的鹿港、艋舺、安平，四個地方的「蘇王爺」祭典儀式都因為加入當地的文化元素而有所差異，這是時勢所趨，也是無可避免的。

金門新頭與臺灣三地的「蘇王爺」其互動關係雖不是很密切，但，每年（或偶爾）有遊香的活動，其在地方上也建立了信徒的信賴與肯定，但是，現今的宮廟祭祀科儀，如安平囝仔宮社「伍德宮」廟方人員林永祿說：「大都靠老一輩的口傳敘述與經驗傳承，因此，不太會做太大的改變，但如果老一輩的不在了，年輕一輩的接手，也因為承襲以往的習俗，長久下來也變成約定成俗了，就不容易有太大的變化。」

然而，世事難料，很難肯定往後更年輕的一輩接手時，不會加入當時的現代元素，或者視當時的經濟狀況不同於目前而有所改變。又如：艋舺金門會館，目前是供奉在私人住宅，很難保證王家的下一代或下下一代不會搬遷，屆時，會不會因為搬遷的地點、空間不同或者接手的後代在觀念上的改變而對於先人傳承下來的習俗有所變革，這都是很難掌控的變數。因此，金門與臺灣三地的後代接手傳承的人，對於如何結合在地獨特的文化、習俗，呈現出符合當地信徒需求的風俗禮儀，讓已經轉型的「蘇王爺」信仰不衰落且能更加彰顯，並一直傳承下去，其更肩負著不同時代責任的使命感。

又，「王爺」在臺灣是個很強勢的信仰，關於「王爺」的相關解說及文獻也頗多，但對於「蘇王爺」特殊的神格相關解說不多，文獻也頗為稀少，且易被歸為一般王爺屬鬼瘟神做相關解說，讓「蘇王爺」一直視同為瘟神神格。因此，希望藉由本書所探討的新王爺的獨特性和新類型，今後能在

相關解說上的進一步思考，讓往後的王爺相關解說，能更詳判王爺的神格問題。此或許可視爲學界相關解說共同的問題，並加以考慮如何面對，而非本相關解說的單一立論成果所能達成的。

參考文獻：

1. 王見川：2003〈臺灣民間信仰的相關解說與調查：以史料、相關解說者爲考察中心〉，見江燦騰、張珣（編），《臺灣本土宗教信仰的新視野和新思維》，頁85-86。臺北，南天書局有限公司。

2. 王見川、李世偉：2008《臺灣媽祖廟閱覽》。臺北：博揚文化。

3. 王振惠、游醒民：1979《臺南市志卷二人民志—宗教篇》。臺南：臺南市政府。

4. 石弘毅：1995〈王爺信仰的歷史意義〉，《歷史月刊》4：4-13。

5. 石萬壽：2000《臺灣的媽祖信仰》。臺北：臺原出版社‧臺原藝術文化基金會。

6. 石萬壽：1977《臺灣文獻第28卷第一期—臺南市古蹟志》。臺中：臺灣省文獻委員會。

7. 朱海濱：2008《祭祀政策與民間信仰變遷—近世浙江民間信仰相關解說》。上海：復旦大學出版社。

8. 江柏煒：2007《海外金門會館調查實錄—馬來西亞篇》。金門：金門縣文化局。頁76-81。

9. 余光弘：1988《媽宮的寺廟 —— 馬公市鎮發展與民間宗教變遷之相關解說》。臺北：〈中央相關解說院民族相關解說所〉。

10. 余光弘、黃有興：2005《續修澎湖縣志‧卷十二宗教志》。澎湖馬公：澎湖縣政府。

11. 張榮強：1996《金門人文探索》，金門：金門縣政府：6。

12. 呂玫鍰：2008《社群建構與浮動的邊界：以白沙屯媽祖進
    香為例》，臺北：〈臺灣人類學刊〉：31-76。

13. 李亦園：1998《宗教與神話論集》。臺北：立緒。

14. 李秀娥：1995 年 4 月引用《金門昭德宮蘇府千歲沿革》的
    看法，見其《鹿港北投奉天宮蘇府王爺信仰相關解說》，
    發表於中央相關解說院中國文哲所籌備處主辦，「道教、
    民間信仰與民間文化研討會」：28-29。

15. 李其霖:2010《鴉片戰爭前後臺灣水師布署之轉變》，臺北:
    〈臺灣文獻〉第六十一卷第三期：77-81。

16. 李豐楙：1993〈東方宗教相關解說——東港王船和瘟與送
    王習俗之相關解說〉，《國立藝術學院傳統藝術相關解說
    中心》新第三期：229-259。

17. 李豐楙：1994《東方宗教相關解說：從成人之道到成神之
    道》。臺北：國立藝術學院傳統藝術相關解說中心。

18. 李豐楙：2007〈巡狩：一種禮儀性的宣示儀式〉。臺北：
    中國文人生活中的宗教／禮儀的實踐與創造會議論文。

19. 卓克華：2004〈鹿港金門館——一座清代班兵伙館的新發
    現〉，《新世紀宗教相關解說》第二卷第三期：134-177。

20. 卓克華：2006《寺廟與臺灣開發史》。臺北：揚智文化出
    版社。

21. 花松村編纂：1999《臺灣鄉土續誌第一冊》。臺北：中一
    出版社。

22. 周煌：《臺灣文獻史料叢刊第三輯——琉球國志略——附
    錄》。臺北：臺灣大通：335-336。

23. 松濤史學論壇：〈聚落與海防的歷史探討 (1368-1931),
    以金門得月樓為例〉，http://www.ncu.edu.tw/~hi/Forum/
    subjectdisplay.php?fid=7&tid=28

24. 林焜熿：1960〈金門志〉，臺灣文獻史料《臺灣文獻史料
    叢刊》二：78-80。

25. 林美容：1990《臺灣的民間信仰與社會組織》。臺北：新
    文化。

26. 林朝成、鄭水萍編著：1998《安平區志》。臺南：安平區
    公所。

27. 林朝成、鄭永萍：1998《安平區志卷三社會志‧第一篇宗
    教篇》。臺南：安平區公所。

28. 林衡道：1991《臺灣歷史民俗》。臺北：黎明文化事業股
    份有限公司。

29. 林衡道：1962 〈臺南市寺廟調查〉，《臺灣文獻》第 13
    卷第三～四期：頁 179。

30. 林麗寬：〈金門王爺信仰〉，財團法人施合鄭民俗文化基
    金會等合辦「金門歷史、文化與生態國際學術研討會」之
    宣讀論文。

31. 金門縣政府：1992《金門縣志（一）》。金門：金門文化局。

32. 金門縣政府：1992《金門縣志》。金門：金門縣政府。

33. 金門縣政府編：1991《金門縣志》。金門：金門縣政府。

34. 翁志廷：2005〈金門地區蘇王爺之信仰相關解說〉，銘傳
    大學應用中國文學系碩士在職專班論文。

35. 唐曉濤：2011〈神明的正統性與社、廟組織的地域性—拜
    上帝會毀廟事件的社會史考察〉，《近代史相關解說》第

三期：6。

36. 國立中央圖書館臺灣分館編印：1997《臺灣地區現存碑碣圖誌彰化篇》。臺北。

37. 國防相關解說院清史編纂委員會：1961《仁壽本二十六史一清史卷第三冊一百三十六志一百一十一兵志六》。臺北。

38. 康豹：2003〈臺灣王爺的信仰一臺灣王爺信仰相關解說的回顧與展望〉，見江燦騰、張珣（編），《臺灣本土宗教相關解說的新視野和新思維》，頁 143-174。臺北：南天書局有限公司。

39. 康豹：1991 年 3 月〈屏東縣東港鎮的迎王祭典：臺灣瘟神與王爺信仰之分析〉，《中央相關解說院一民族學相關解說所集刊》70：95-211。

40. 戚嘉林：1985，9 月初版《臺灣史第二冊》。臺北：國家圖書館出版品預行編目資料。

41. 戚嘉林：1985《臺灣史第四冊》。臺北：國家圖書館。

42. 盛清沂‧王詩琅‧高樹藩：1977《臺灣史全一冊》。臺中：臺灣省文獻委員會。

43. 連雅堂：1985《臺灣通史——上》。臺北：黎明文化。

44. 陳支平：2004《五百年來福建的家族與社會》。臺北：揚智文化。

45. 陳仕賢：2009《宗教鹿港》。彰化：鹿水文史工作室。

46. 陳宏田：2002〈臺南地區王爺信仰相關解說一兼論城鄉差異〉，臺南師範學院鄉土文化相關解說所碩士論文。

47. 黃文博：1997《臺灣民間信仰與儀式》。臺北：常民文化。

48. 黃成助：1967《同安縣志》。臺北：成文出版社。

49. 黃秀政等：1999 年初版《臺灣文志論叢》。臺北：五南出版社。

50. 楊樹清：2001《金門田野檔案》。金門：金門縣政府。

51. 臺南廳庶務課：昭和年間初版《臺南市寺廟臺帳》。臺南：臺南廳庶務課。

52. 趙世瑜：2006，11 月初版《小歷史與大歷史—區域社會史的理念、方法與實踐》。北京：生活‧讀書‧新知三聯書店。

53. 趙良驤：1961《臺灣省通志稿卷三政事志防戍篇》。臺北：臺灣省文獻委員會編纂組。

54. 劉枝萬：1983《臺灣民間信仰論集》。臺北：聯經出版社。

55. 劉枝萬：2002《臺灣之瘟神信仰—臺灣民間信仰論集》。臺北：聯經出版社。

56. 劉還月：1994《臺灣歲時小百科上冊—協和臺灣叢刊 6》。臺北：臺原出版社。

57. 早稻田大學圖書館網頁：http://www.wul.waseda.ac.jp/kosho/ni16/ni16_2272/ni16_2272_085/index.html

58. 蔡相煇：1989《臺灣的祠祀與宗教—協和臺灣叢刊 10》。臺北：臺原出版社。

59. 蔡婉婷：2006〈臺南市寺廟建廟傳說之相關解說〉，臺南大學臺灣文化相關解說所碩士論文。

60. 鄭振滿：1992 年 6 月第 1 版《明清福建家族組織與社會變遷》。湖南：湖南教育出版社。

61. 霍布斯邦：2008《被發明的傳統》。臺北：貓頭鷹出版社。

62. 顏立水：2012《鳳山鍾秀》。金門：金門文化局。

63. 顏立水：1998《金門與同安》。新北市：稻田出版有限公司。

64. 顏立水：《小嶝與金門的蘇王爺》http://www.xiangan.gov.
cn/zjxa/wszl/200808/t20080810_3631.htm

65. 顏姿芳：1993〈鹿港王爺信仰的發展形態〉，清華大學歷
史相關解說所碩士論文。

66. 顏章炮：2003 年 8 月初版〈民間信仰與社會空間——清代
臺灣移民社會的分類信仰與分類械鬥〉，見鄭振滿、陳春
聲（編）頁 269-272。福建：福建人民出版社。

參考網站資料：

http://www.xiangan.gov.cn/zjxa/wszl/200808/t20080810_3631.
htm

http://blog.udn.com/jsnsir/3068576

http://sharepoint.fhes.tn.edu.tw/teacher/tnrisu/original/page2-5.
html

http://tw.image.search.yahoo.com/search/images?_adv_prop=imag
e&fr=yfp&va=%E5%AE%89%E5%B9%B3%E5%8D%80%
E5%9C%B0%E5%9C%96

http://tw.image.search.yahoo.com/search/images?_adv_prop=imag
e&fr=yfp&va=%E5%AE%89%E5%B9%B3%E5%8D%80%
E5%9C%B0%E5%9C%96

http://tw.myblog.yahoo.com/jw!Ld7H2PeRHBMpbzBhmLW4/arti
cle?mid=2485&next=2473&l=f&fid=32

http://www.gyes.chc.edu.tw/2004web/newfile60.html

http://www.gyes.chc.edu.tw/2004web/newfile60.html

http://www.wul.waseda.ac.jp/kosho/ni16/ni16_2272/
ni16_2272_085/index.html

http://www.youtube.com /watch?v=dYbb9uDXcIU

http://zh.wikipedia.org/zh-tw/%E6%9A%97%E8%A8%AA_
(%E6%B0%91%E4%BF%97)

附錄一

(碑名):重建浯江館碑記——道光十四年四月(一八三四年)

凡物開創為難,而繼承實易,然開創尤易,而繼承則更難也。

彰之西,有鹿溪市焉。其地負山環海,泉廈之郊,閩粵之旅,車塵馬跡不絕於道,而後知臺揚之力藪畢聚於斯也。曩者浯人崇祀蘇王爺之像,由淡越府,過鹿溪,而神低徊而不能去。卜之曰:「此即地也,其將住留於此。」然有是神,必有是館。顧為之考其始,則係浯人許君樂三所居之宇,遺命其子薄賣改建,時在嘉慶乙丑。鳩眾而成之,修其頹敗,補其罅漏,相與祈求禱祀焉。

夫神聰明正直,惟人是依。鹿之區,其山秀而水清、港深而浪靜,漁舟釣艇,商船哨艦咸泊於此。故凡官斯鎮及弁丁輿夫、彼都人士,無不憩息期間。蓋是館之建,由來遠矣。前任鹿港遊府溫公欲重修經理,未及舉事,旋即陞遷。辛卯余抵任,每見棟宇摧殘,垣堵傾圮,心竊傷之;欲為改舊更新,又恐獨力難支,不克以濟。爰集衿者、董事人等公同議舉,并於浯人之有身家者勸其捐幫,而余則傾囊以濟。壬辰花月經始,今茲落成。然余非敢謂有功於浯人也,實欲以誌明神之赫濯,長垂於不朽云爾,是為記。

敕授武翼都尉臺協水師左營鹿港遊擊劉光彩敬撰。董事進士鄭用錫、薛鳳儀、張朝選、薛紹宜、王高輝、楊淵老、建歐陽、郭溪石、蔡宗榮仝勒石。

道光歲次甲午年梅月　日立

附錄二

碑名：重建浯江館捐題碑記〈甲〉—道光十四年四月（一八三四年）

　　福建臺灣水師協鎮府黃印貴捐銀式拾大員。陞授艋舺水
陸參府溫印兆鳳捐銀伍拾大員。賜進士鄭印用錫捐銀參拾大
員。原臺灣艋舺水路參府周印承恩捐銀式拾大員。臺協水師
右營都閫府楊印武鎮捐銀陸大員。臺灣艋舺滬尾水師副府郭
印揚聲捐銀參拾員。署臺灣艋舺滬尾水師副府林印得義捐銀
拾員。臺協水師澎湖右營守府鄭印起麟捐銀拾式員，臺協水
師左營首府岀防廳林印日光捐銀拾式員。金門鎮標左營左廳
守府黃印金錄捐銀肆大員。新拔澎湖右營左司廳陳印得顯捐
銀陸大員。臺協水師左營左哨司盧印明生捐銀肆大員，原臺
協水師左營岀防廳周印名揚捐銀肆大員，臺協水師左營岀防
水裡楊印騰蛟捐銀肆大員。金門鎮標右營協司廳李印朝法捐
番銀式大員。銅山營班政廳孫印志明捐銀肆大員。新拔銅山
營協絲汀楊印其山捐銀壹大員，金門鎮標右營右司廳陳印士
輝捐銀壹大員，

　　金門鎮標右營協司廳張印進發捐銀壹大員。

　　廩生洪印清渠捐銀陸拾員。薛紹直捐銀參拾員。協振號
捐銀肆拾員。許遠世捐銀拾大員。德勝號捐銀參拾員。湯淵
觀捐銀式拾員。日利號、合利號、張出觀，以上三條每各捐
銀拾員。薛鳳儀、金美號、郭溪石、王高輝、張潮選，以上
五條各捐銀拾式員。鄭恆利、羅德春、忍順號、葉簡觀、陳晚、
陳仁記，以上六條每各捐銀伍員。利源號、協記號，以上二
條每各捐銀陸員，陳江記、、薛炎觀、許慶泰，以上三條每

各捐銀伍員。

附錄三

碑名：重建浯江館捐題碑記〈乙〉—道光十四年四月（一八三四年）

　　金門鎮標左營司廳許印連科捐銀式大員。金門鎮標右營左司廳曾印國華捐銀式大員。臺協水師左營協司廳許印熊飛捐銀式大員。歐陽趑、陳海發、寶源號、陳環琢、東利號、陳恆觀、以上六條每各捐銀四員。蔡清觀捐銀參員。福隆號、黃媽愛、辛習觀、明利號、吳開元、辛竭觀、梁水觀、陳文柿、張高陞、歐康觀、藏興號、陳月德、和元號、鄭福全、以上各捐銀式員。周杭觀、許略觀、周興號、張舉觀、鄭海觀、勝隆號、李聰明，以上各捐銀壹員。

　　烽火門撥戍艋舺營頭起戰餉四名，每各捐銀式錢。烽火門撥戍艋舺營頭起守餉拾肆名，每各捐銀壹錢伍分。烽火門撥戍滬尾營頭起戰餉式拾式名，每各捐銀式錢。烽火門撥戍滬尾營頭起守餉拾陸名，每各捐銀壹錢伍分。烽火門撥戍滬尾營二起戰餉參拾五名，每各捐銀式錢。烽火門撥戍滬尾營二起守餉式拾七名，每各捐銀壹錢伍分。烽火門撥戍滬尾營三起戰餉參拾式名，每各捐銀式錢。烽火門撥戍滬尾營三起守餉式拾參名，每各捐銀壹錢伍分。烽火門撥戍滬尾營四起戰餉四拾名，每各捐銀式錢。烽火門撥戍滬尾營四起守餉式拾六名，每各捐銀壹錢伍分。金門左營撥戍臺協左營二、三、四起戰餉拾六名，各捐銀捌錢。金門左營撥戍臺協左營二、三、四起守餉式拾參名，捐銀六錢。金門右營戰餉七名，各

捐銀式錢。頭起居滿守餉六名，各捐錢壹錢伍分。金門左營
撥戍艋舺戰營餉式拾名，各捐銀式錢。金門左營撥戍艋舺營
守餉式拾九名，各捐銀壹錢伍分。金門右營撥戍艋舺戰營餉
式拾名，每各捐銀式錢。金門右營撥戍艋舺營守餉式拾八名，
各捐銀壹錢伍分。金門左營撥戍滬尾戰營餉拾壹名，各捐銀
式錢。金門我贏撥戍滬尾營守餉拾壹名，各捐銀壹錢伍分。
金門右營撥戍滬尾營戰餉拾名，各捐銀式錢。

　　金門左營林□榮助亞油式担。金門右營撥戍滬尾營守餉
拾壹名，各捐銀壹錢伍分。

　　一買杉木、磚、瓦灰、土木工及油漆，計共用銀式仟陸
佰員，對除題用外，尚不敷銀壹仟捌佰陸拾員。

　　福建臺協水師左營鹿港副總府劉印光彩捐銀壹仟捌佰陸
拾員，許臨觀捐銀叁拾員，福建臺灣水師左營中軍府翁印秀
春捐銀拾大員。

附錄四

碑名：重修浯江館捐題碑記咸豐五年四月（一八五五年）

　　福建臺灣水師協振甫無印朝良捐銀四拾大員。欽加四品
銜禮部副郎鄭印用錫捐銀拾式大員。臺協水師中營副將總府
郭印世勳捐銀拾大員。護臺協水師中營副總府蔡印朝陽捐銀
五大員。護臺協水師右營鹿港副總府陳印光福捐銀玖拾大員。
護臺協水師左營鹿港總府潘印高牲捐銀式拾大員。護臺協水
師左營鹿港副總府祝印延齡捐銀捌大員。護臺協水師右營都
閫府曾印修堯捐銀拾大員。臺協水師中營軍府劉印文珍捐銀

拾大員。署臺協水師左營中軍府吳印朝宗捐銀式拾大員。署臺協水師右營中軍府陳印致昌捐銀式大員。安平協轅巡捕廳林印茂生捐銀拾大員。臺協滬尾水師副府陳印沂清捐銀捌大員。臺協水師右營守府吳印朝成捐銀四大員。臺協水師右營守府葉印得茂捐銀式大員。臺協水師左營鹿港海防廳李印振輝捐銀式大員。臺協水師左營鹿港金門館眾目兵丁伍拾名捐銀拾大員。臺協水師左營把總□印水發捐銀式大員。臺協水師中營外委沈印春暉捐銀式大員。臺協水師左營外委劉印士淵捐銀式大員。

管帶金門營工起班兵班政廳登起捐銀貳大員。管帶金門左右營滬尾四起兵班政廳林□□捐銀式大員。艋滬烽火館眾日兵丁頭式拾式名、式伍拾柒名、參肆拾玖名、肆陸拾伍名，合共捐銀拾式大員。艋舺金門館眾日兵丁，合共捐銀玖員伍角。安平候補分州林印芝田捐銀肆大員。艋舺□武□許印邦忠捐銀壹大員。金門效用洪生元捐銀壹元伍角。金門效用洪得貴捐銀壹大員。閩安效用林飄香捐銀壹大員。安平右營戰用兵柒拾玖名、守用兵陸拾柒名，合共捐銀拾捌員式角。

頭前寮庄生員陳印嘉堂捐銀拾肆大員。葉仔答觀捐銀肆大員。竹塹貢生鄭印用鑑捐銀拾大員。拔共生鄭印用銛捐銀壹大員。監生鄭印用□捐銀肆大員。李清開捐銀肆大員。貢生許印浉觀捐銀壹大員。生員陳印丕□捐銀壹大員。郡城蔡長勝號捐銀拾大員。鹿港彰芳遠號捐銀拾玖大員。職員楊啓泰捐銀拾大員。薛金協裕號捐銀拾伍大員。薛金協源號捐銀陸大員。洪安仁浩捐銀伍大員。江勝隆號捐銀四大員。李逢春觀捐銀四大員。草港趙僅觀、□觀、低觀、超觀，合共捐

銀拾式大員。吳厝庄鄭錦觀捐銀拾式大員。鄭愁觀、□觀、和共捐銀捌大員。澎湖厝趙夗觀捐銀伍大員。趙飲觀捐銀參大員。□□港楊理觀捐銀四大員。李洽裕號捐銀式大員。沙轆張高陞捐銀參大員。張美觀捐銀式大員。許兼善、郭感波、李聰明、江盛、黃喬水、羅德春、鄭德波、李仕得，以上八名各條捐銀式大員。

張瑞成號、張恒合號、金勝利號、許和昌號、陳金利號、金記號、協義號、恒源號、鄭□觀、許略觀、許泉觀、陳卻觀、林尚觀、黃嘆觀、魏葛觀、梁月觀、梁龍夫、蘇□物、莊仕聰、盧高語、許慶泰、許敦厚、辛熾彩、陳文華、陳光輝、陳金德、鄭順興、陳若候、李起鳳、翁添秀、吳光敬、蔡開泰、辛天觀、陳恭觀、蔡大知觀，以上共參拾伍條，各條捐銀壹大員。陳返觀、陳必勝、李國平、楊□觀，以上四名，各條捐銀壹中員。計合共捐收銀伍佰參拾四大員。

一、買杉木磚瓦　灰及油漆木工大小工，並連館□□□□□，計共開用銀參佰式拾四大員。

一、館邊劉公彩協□，建置□□□□□□，經鳩資重興□起蓋，計共開用壹佰式十大員。

訂全公議，重修起蓋瓦店一座，□在□興街頭，計共開用銀玖拾大員。

------- 計合共開費，用銀伍佰參拾四大員。

一、□訂□興街頭公□□□稅錢式千文，□月抽出稅錢捌佰文，貼油□□□留□公用，不許□□□□□□□□□。

一、訂館選□□收存每收稅，留存□協臺捌月式拾式日華誕之費用，不許混用開費。

一、訂重起館□□□三間，原以□用，以求□□，不許梗□，私稅□□公館。

一、訂地藏王廟口瓦店□□□□□每年稅銀式拾四大員七角，年費公抽銀式大員，買銀紙□用；餘者存四月十二日王爺聖誕，應付值年爐主收用。

以上□□□□□□，合應開明條例，立石永垂久遠。

咸豐歲次乙卯年梅月　日敬立。總理□□□、□□□、□□□、□啓泰，董事陳清福、薛深江、許金成、□□法。

附錄五　清艋舺陸路中軍守備署舊址

清嘉慶十三年（一八零八），裁臺灣北路淡水營都司為水師協右營都司，駐臺灣縣安平鎮，而以原右營游擊撥調艋舺營。營轄滬尾水師守備外，另添設陸路中軍守備，以管屬陸路營伍，次年，移延平協左營守備任其事。分別駐艋舺汛、海山口汛、水轉腳汛、大雞籠汛、三貂港汛、三瓜仔汛、馬鍊汛等處，防區幾及令臺北縣暨基隆市全域。道光四年（一八二四），陞游擊為水師參將，守備仍之，迄日本殖民統治前夕未廢。中軍守備建署於何年不詳，同治十年（一八七一）已毀。遺址在福地街，即現康定路東、三水街北、廣州街一帶地方。

臺北市文獻委員會立
中華民國七十四年六月日

附錄六　金門新頭伍德宮重修表

時間	修建原因	資料來源	備註
1. 明神宗萬曆三年 （1757 年）	創建	金門伍德宮重建引誌	安座大典
2. 咸豐元年 （1851 年）	增建西廂房	金門蘇王爺之信仰相關 解說—翁志廷	
3. 民國十六年 （1927 年）	修建	「伍德宮」磚契	舉行奠安
4. 民國四十六年 （1957 年）	修建	「伍德宮」磚契	舉行奠安
5. 民國六十四年 （1975 年）	修建	「伍德宮」磚契	舉行奠安
6. 民國六十五年 （1976 年）	重修	金門縣志卷三人民志	
7. 民國九十四年 （2005 年）	擴建	金門縣志‧卷三人民志 陳金鑫法師口述	入座奠安

資料來源：蔡淑慧整理

附錄七、金門蘇王爺大事記

時間	內容
明神宗萬曆三 年（1575 年）	金門新頭伍德宮創建—安座大典。
明永曆十三年 （1659年）	鄭成功駐金廈，在浯島伐木造船，十五年渡海 來臺，水師恭請蘇大王隨船，助鄭驅逐荷蘭， 光復臺灣。

時間	內容
康熙二十一年（1682年）	福建水師提督施琅奉旨安撫臺、澎，派部將恭請蘇大王、二王、三王爺，隨水師護軍登陸澎湖，順利撫平臺、澎。
乾隆五十一年（1786年）	林爽文事件，清朝由金門提調水師左右兩營來臺支援平亂，水師官兵則由「伍德宮」恭請水師的保護神「蘇王爺」神像，隨軍渡海來臺，一路護軍平安由鹿港登陸。 鹿港金門館前身為金門人許樂三房宇。
乾隆五十二年（1787年）	建立鹿港金門館。
嘉慶乙丑年（1805年）	擴建鹿港金門館（由許樂三遺命其子薄賣房宇捐地）。
道光十一年（1831年）	年久失修，鹿港遊擊溫兆鳳發起，鹿港左營遊擊劉光彩倡議捐款重修，未成。
道光十二年至道光十四年（1834年~1836年）	鹿港金門館 —— 重建浯江館碑記、重建浯江館捐題碑記（甲）、重建浯江館捐題碑記（乙）、鹿港金門館增闢拜亭左右廂房。
咸豐元年（1851年）	金門新頭伍德宮增建西廂房。
咸豐三年（1853年）	廈門一帶會匪，傾眾來犯浯州，神先乩示，令各戒備，蘇府四王爺屢次靈跡，賊果大敗，而被俘虜者稱：在海上見沿海兵馬甚多，故賊務氣奪，果以致敗。
咸豐五年（1855年）	修繕廟旁邊室，由水師軍隊、商號捐款重修。 鹿港金門館重修浯江館捐提碑記。

時間	內容
咸豐七年 （1857年）	艋舺金門館築祠公祀。
同治三年 （1863年）	小嶝英靈殿黃帝御賜「仁周海澨」聖匾。（與趙新出使琉球時間有出入）
同治五年 （1866年）	十一月十五日趙新由那霸港返至四嶼，因來往保護詔書、龍節、船上使者平安往返，故趙新上書朝廷，可否援照海神之例，一併頒給匾額，用答神庥？尋得旨允行。
1898年	日本將艋舺金門館收回建警官學校，因此，金門館遷於附近天橋蓮花池旁。
光緒二十九年 （1903年）	信眾聚資重建艋舺金門館，隔年（1904年）而成。
明治四十一年 （光緒戊申年） （1908年）	鹿港金門館因局部受損重修，由管理人郭文獻發起。
民國十六年 （1927年）	金門新頭伍德宮修建。
民國四十六年 （1957年）	金門新頭伍德宮修建。
民國六十四年 （1975年）	鹿港金門館由管理人卓神保發起重修，陸續修復正殿、廟房等。 金門新頭伍德宮修建。
民國六十五年 （1976年）	金門新頭伍德宮重建。
民國八十三年 （1994年）	鹿港金門館由政府（文建會）提議修復。
民國八十七年 （1998年）	安平伍德宮重建。

時間	內容
民國八十八年 （1999 年）	鹿港金門館安座慶典。 安平伍德宮竣成，三月入火安座。
民國八十九年 （2000 年）	鹿港金門館指定為縣定古蹟。
民國九十四年 （2005 年）	金門新頭伍德宮擴建。

資料來源：蔡淑慧整理

國家圖書館出版品預行編目資料

臺灣民眾信仰中的兩性海神－海神媽祖與海神
  蘇王爺的當代變革與敘事/江燦騰、張珣、蔡
  淑慧合著 -- 初版. – 台北市：前衛, 2019.11
    面；15×21公分
    ISBN 978-957-801-893-8(平裝)

  1. 媽祖　2. 民間信仰　3. 臺灣

272.71   108017768

臺灣民眾信仰中的兩性海神
——海神媽祖與海神蘇王爺的當代變革與敘事

合　　著　江燦騰、張珣、蔡淑慧
執行編輯　Novia
封面設計　YiChun
美術編輯　宸遠彩藝
出 版 者　前衛出版社
　　　　　10468 台北市中山區農安街153號4F之3
　　　　　Tel：02-25865708　Fax：02-25863758
　　　　　郵撥帳號：05625551
　　　　　e-mail：a4791@ms15.hinet.net
　　　　　http://www.avanguard.com.tw
出版總監　林文欽
法律顧問　南國春秋法律事務所
總 經 銷　紅螞蟻圖書有限公司
　　　　　台北市內湖區舊宗路二段121巷19號
　　　　　Tel：02-27953656　Fax：02-27954100

出版日期　2019年11月初版一刷
定　　價　新台幣350元

Printed in Taiwan

＊「前衛本土網」http://www.avanguard.com.tw
＊ 請上『前衛出版社』臉書專頁按讚，獲得更多書籍、活動資訊
　　https://www.facebook.com/AVANGUARDTaiwan